AF344137

# MONSEIGNEUR

# CASIMIR CHEVALIER

CAMÉRIER SECRET DE SA SAINTETÉ
CLERC NATIONAL DU SACRÉ COLLÈGE
ET SECRÉTAIRE CONSISTORIAL
POUR LA FRANCE

## NOTICE

### BIOGRAPHIQUE ET LITTÉRAIRE

PAR

## M. L'ABBÉ P. VERGER

CHANOINE HONORAIRE
CURÉ DE SAINT-JULIEN DE TOURS

TOURS

IMPRIMERIE A. MAME ET FILS

1894

MONSEIGNEUR

CASIMIR CHEVALIER

# MONSEIGNEUR
# CASIMIR CHEVALIER

CAMÉRIER SECRET DE SA SAINTETÉ
CLERC NATIONAL DU SACRÉ COLLÉGE
ET SECRÉTAIRE CONSISTORIAL
POUR LA FRANCE

## NOTICE
### BIOGRAPHIQUE ET LITTÉRAIRE

PAR

## M. L'ABBÉ P. VERGER

CHANOINE HONORAIRE
CURÉ DE SAINT-JULIEN DE TOURS

## TOURS
IMPRIMERIE A. MAME ET FILS

1894

M<sup>gr</sup> Chevalier m'a légué en mourant toute sa correspondance, ses notes, souvenirs et mémoires, et généralement tous ses papiers, pour en disposer à ma guise.

Si j'avais eu des loisirs, j'aurais utilisé cette fortune littéraire en écrivant une page d'histoire qui n'eût pas été sans intérêt pour nos annales de Touraine ; mais je ne suis pas libre : mes devoirs d'état ne me permettent pas, quant à présent, d'entreprendre ce travail. Ce que je pouvais, c'était raconter son œuvre et en donner l'analyse, tout en le révélant un peu lui-même, et je l'ai fait hâtivement pour répondre au désir de sa famille et de quelques amis.

La plupart des éléments de cette notice ont été empruntés à mes souvenirs personnels, à ma correspondance, à ses nombreux ouvrages, et surtout au *Tableau analytique* de ses publications ; j'ai puisé les autres aux meilleures sources.

Depuis vingt-sept ans M<sup>gr</sup> Chevalier m'honorait de sa bienveillance ; il me confiait tout, ses joies et ses peines, et m'autorisait à lui dire tout ce que je pensais avec la plus entière franchise. J'entretenais avec lui une correspondance qui n'a jamais été interrompue ;

je le voyais ainsi de très près, et, ni dans sa conversation toujours élevée, jamais banale, ni dans son attitude toujours digne et correcte, je ne trouvais rien qui justifiât l'indifférence ou la froideur qu'on lui témoignait dans certains milieux.

Qu'il ait peut-être manqué de prudence, que sa brillante parole ait été parfois trop incisive, qu'il ait obéi à des mouvements d'humeur en des circonstances critiques, je ne le nie pas, car il en convenait lui-même avec cette loyauté qui était le fond de sa nature; mais, si l'on veut être juste, il faut avouer d'abord que son écrasante supériorité l'avait exposé plus qu'un autre à de mesquines jalousies, dont il a souffert, tout en affectant de les dédaigner; et ensuite il faut reconnaître qu'en avançant dans la vie, et en particulier durant son séjour à Rome, il avait développé ses meilleures qualités et qu'il était parvenu à tout discipliner, même son esprit, dont les saillies amusantes faisaient autrefois le désespoir de ses adversaires.

Mon regret, c'est qu'on ne l'ait pas connu, et mon désir, maintenant, c'est d'être utile à sa mémoire en essayant de le faire connaître. Toutefois je ne suis pas un panégyriste, j'ai voulu être un historien.

Tours, en la fête de saint Casimir, le 4 mars 1894.

# MONSEIGNEUR
# CASIMIR CHEVALIER

## I



Casimir Chevalier naquit à Saché (Indre-et-Loire)
le 7 mars 1825, d'une famille honorable et chrétienne. Dès sa plus tendre enfance il manifesta un
goût décidé pour l'état ecclésiastique. Ses parents
favorisèrent de leur mieux sa vocation naissante.
Après avoir reconnu son ardeur pour l'étude et
constaté ses premiers progrès, ils l'envoyèrent
à Tours, chez un de ses oncles, dans l'espoir que
les circonstances lui ouvriraient la porte du séminaire, et la Providence seconda merveilleusement
leurs vues. Placé à l'école municipale du Musée,
Casimir étonna bientôt ses maîtres par la vivacité

de son intelligence et son application au travail.
Il n'avait alors que huit ans. M. l'abbé Boullay,
chanoine du chapitre métropolitain et secrétaire
de l'archevêché, l'ayant un jour rencontré dans la
cour du Manège, l'interrogea sur ses études et
devina d'un coup d'œil tout ce qu'on pouvait
attendre de cette nature d'élite. Ce fut une fortune
pour l'enfant. M. Boullay lui donna une gram-
maire latine et quelques autres livres ; un professeur du séminaire corrigea ses premiers thèmes,
le signala comme un élève hors ligne à l'archevêque,
Mgr de Montblanc, et enfin, mettant le comble à
ses vœux, le fit admettre en septième au petit
séminaire de la rue des Ursulines, au mois
d'octobre 1836.

Cet établissement, dirigé alors par des prêtres
du diocèse, venait d'être réorganisé sur de nouvelles bases par M. l'abbé Dufêtre, vicaire général.
Les études classiques ordinaires du latin et du grec
avaient été fortifiées ; on donnait plus de place aux
compositions littéraires, et l'on introduisait dans
le programme l'histoire universelle, les langues
vivantes, les mathématiques, les sciences naturelles, la chimie, le dessin, la musique et l'archéologie. A cette date bien peu de maisons d'éducation
offraient aux élèves un cours d'études aussi complet, aussi varié et aussi attrayant. Un corps de

professeurs habilement choisis avait été formé pour appliquer ce programme, et plusieurs d'entre eux avaient même été envoyés à Paris pour s'y préparer à l'école des maîtres. Le séminaire de Tours acquit ainsi une grande réputation, et les familles les plus distinguées, frappées de ces innovations heureuses, ne craignirent point de lui confier leurs enfants[1].

C'est dans ce milieu actif et enfiévré par l'émulation que fut introduit le jeune Chevalier. Grâce à l'ouverture de son esprit, à sa curiosité infatigable, à son ardeur croissante, il s'y trouva promptement à l'aise. Les travaux ordinaires ne lui suffisant pas, il analysa et s'appropria, sous la direction de M. l'abbé Bourassé, de nombreux ouvrages d'histoire naturelle, de géologie et d'archéologie, sans négliger toutefois ses études littéraires, car, si nous en croyons ses condisciples, qui nous ont révélé ce que nous savons de cette période de sa vie, il avait dès lors la prétention de devenir un écrivain.

Pour atteindre ce but, il fut favorisé par une

[1] Voir l'histoire de cette réorganisation du séminaire dans l'intéressante notice publiée par M. l'abbé Chevalier sous ce titre : *L'abbé Bourassé et le mouvement intellectuel en Touraine depuis quarante ans*, pp. 8-12, Mame, 1873; et dans une autre beaucoup plus récente, publiée par le même : *L'abbé Sorin, ancien professeur au petit séminaire de Tours, curé de Saint-Julien*, etc. Tours, Paul Bousrez, 1891.

circonstance singulièrement heureuse qu'il aimait
à rappeler. Au cours de ses explorations géologiques
dans le département, il rencontra un jour à Cinq-
Mars-la-Pile, pendant les vacances qui suivirent sa
rhétorique, un homme qui a jeté un certain éclat
dans la littérature contemporaine. C'était Édouard
Ourliac, charmant esprit, fin causeur, écrivain
remarquable, qui a laissé plus d'une œuvre exquise,
entre autres les *Contes du Bocage*. Revenu des
erreurs de la vie de bohème, Ourliac s'était marié
et tentait de réparer en Touraine, dans l'air attiédi
des bords de la Loire, sa santé délabrée. Il se lia
volontiers avec ce jeune homme qui lui demandait
des leçons et promettait d'en profiter un jour, et,
soit par des causeries, soit par des lectures critiques, soit par des compositions, il le forma à l'art
d'écrire. C'est à lui sans aucun doute que M. Chevalier dut la limpidité de sa phrase, l'allure rapide
de son style, le tour original et parfois humoris-
tique dont il savait si bien revêtir sa pensée.

Durant quatre ans Ourliac lui prodigua ses
conseils. « Travaillez, travaillez, lui écrivait-il ; je
sais que vous êtes studieux et plein d'ardeur; ne
vous laissez pas refroidir. Je serai charmé d'avoir
contribué pour ma part à votre succès et à la gloire
de la religion[1]. »

---

[1] Lettre du 10 novembre 1844.

Quelques mois plus tard, le 5 mai 1845, le maître rendait compte à son disciple de ses derniers travaux avec une pointe d'amertume qui laissait deviner bien des souffrances intimes, et, pour se consoler de ne pouvoir quitter Paris, il le pressait d'aller l'y rejoindre. Puis, sa santé déclinant de plus en plus, il lui adressait le billet suivant, daté du 21 décembre 1845 : « Vous ignorez peut-être que je viens de passer trois ou quatre mois dans d'assez cruelles incommodités. J'avais une certaine irritation de poitrine qui m'a forcé d'interrompre mon travail. Je suis allé boire du lait dans le Maine. Je serais bien retourné dans vos charmants environs de Tours, mais il est si difficile de s'y loger ! Et puis il y a par là maintenant trop de chemins de fer. On a, dit-on, ravagé tout Cinq-Mars et la belle prairie de Langeais. »

Ourliac ne revint point en Touraine, mais il n'en continua pas moins jusqu'à sa mort d'encourager les progrès de son disciple, qui a toujours gardé de ses leçons le plus reconnaissant souvenir.

Entré en philosophie au mois d'octobre 1843, M. Chevalier suivit à la lettre le conseil d'Ourliac ; il se livra sans repos ni trêve à un travail acharné, tout en se plaignant de manquer de direction ; mais l'année suivante les prêtres du diocèse ayant pris en main le gouvernement du grand séminaire,

il retrouva ses premiers maîtres et se remit à
l'œuvre avec d'autant plus de zèle que M. Bourassé
ne lui refusait jamais ses conseils.

On sera étonné d'apprendre tout ce que ce jeune
homme a pu faire durant ses trois années de grand
séminaire. En dehors du cours ordinaire des études,
qui embrasse l'Écriture sainte, la philosophie, la
théologie, le droit canonique, l'histoire de l'Église
et l'herméneutique sacrée, il se préparait tout seul
avec succès aux épreuves des deux baccalauréats ;
il analysait des ouvrages de philosophie et de
science ; il traduisait une partie notable de la
*Sancta et metropolitana Ecclesia turonensis*, histoire in-folio des archevêques de Tours, par le
chanoine Maan, pour une publication projetée par
M. Bourassé, dont il était déjà le collaborateur ; en
même temps il recueillait pendant les vacances les
matériaux d'une carte géologique de la Touraine ;
enfin, comme si tout cela ne suffisait pas à son
activité, il traduisait du latin et de l'italien trois
ou quatre petits volumes pour la librairie Mame,
afin de subvenir aux frais de son éducation clé-
ricale, sans imposer la moindre charge à sa
famille.

# II



Les talents du jeune séminariste, son ardeur au travail, l'irréprochable correction de sa conduite appelèrent sur lui l'attention bienveillante du nouvel archevêque de Tours, Mgr Morlot, qui aimait les hommes d'étude et savait les encourager. Aussi, le jour même où il fut ordonné sous-diacre, le 19 décembre 1846, et quoiqu'il eût encore à faire deux ans de séminaire, fut-il envoyé, en qualité de sous-directeur, à l'institution Saint-Louis-de-Gonzague, dirigée par M. l'abbé Viot. On pouvait regretter cette décision, qui en réalité mutilait ses études, mais dans la pensée de l'archevêque c'était une grande preuve de confiance qui lui était accordée.

Tant de travaux accomplis sur les bancs mêmes de l'école reçurent bientôt une première consécration, et de la manière la plus éclatante. Au mois de septembre 1847, le congrès scientifique de France, qui comptait alors près d'un millier d'adhérents, tenait à Tours sa quinzième session. Le jeune professeur de Saint-Louis, attiré par la curiosité, s'y était rendu comme tant d'autres pour écouter et pour s'instruire. Il ne songeait point à prendre rang dans ce docte aréopage où siégeaient avec ses maîtres des hommes d'un grand savoir. Mais il arriva que certaines questions du programme embarrassaient tout le monde. « Le parallélisme des soulèvements d'une même époque, d'après la théorie de M. Élie de Beaumont, est-il un fait suffisamment démontré? — Est-il bien établi qu'il n'ait pas existé de mammifères avant l'époque jurassique? » Personne ne se levait pour répondre. — « Rencontre-t-on en Touraine des traces bien marquées du *diluvium* de Buckland et de Cuvier? » — Même silence. L'abbé Chevalier n'y tint plus. Malgré sa jeunesse et son émotion, il demanda la parole qui lui fut tout de suite accordée par M. le comte de Tristan, et durant plus d'une heure il charma l'assemblée par une improvisation tellement brillante sur le *diluvium* en Touraine que M. de Caumont le félicita publiquement des idées neuves qu'il venait d'émettre et le pria de les formuler dans un travail plus étendu, qui serait déposé aux archives du congrès. L'impression de ce mémoire fut votée à l'unanimité, séance tenante, et l'auteur nommé par acclamation secrétaire-adjoint de la section des sciences.

Dès lors il prit une part active à toutes les discussions importantes, et se mit en mesure, en travaillant la nuit, d'apporter au congrès de savants mémoires sur les *Calcaires d'eau douce du département d'Indre-et-Loire* et la *Distribution des eaux en Touraine*, au point de vue géologique. Toutes ses communications furent accueillies avec une grande faveur.

L'archevêque se montra très ému de la situation conquise d'emblée devant le congrès par ce jeune ecclésiastique de vingt-deux ans. Il voulut le complimenter et surtout l'encourager à cultiver le talent qu'il avait reçu de Dieu. « Je désire, lui dit-il, que vous meniez de front les sciences ecclésiastiques et les sciences naturelles. L'Église a besoin d'hommes qui puissent la défendre sur tous les terrains. Il faut que vous soyez l'un de ces hommes. »

Pour répondre à cette invitation, qui était un ordre, l'abbé Chevalier se fit recevoir, au commencement de l'année 1848, membre de la Société archéologique de Touraine et de la Société d'agriculture, sciences, arts et belles-lettres d'Indre-et-Loire, quoiqu'il n'eût pas encore l'âge requis (vingt-cinq ans) par les statuts de ces compagnies savantes. En 1849, la Société d'agriculture, s'étant divisée en deux sections, le nomma secrétaire de la section des sciences. Il se créa ainsi d'utiles relations et se prépara le moyen de publier ses premiers essais.

Une des plus curieuses de ses œuvres de jeunesse fut sans contredit son opuscule sur la *Baguette divinatoire*, petite fourche de coudrier appliquée à la recherche des sources et des mines. Cette innocente baguette avait été jadis calomniée. L'abbé Chevalier prit sa défense et démontra scientifiquement, au grand plaisir des lecteurs du *Journal d'Indre-et-Loire* et de la *France centrale*, que tous les mouvements de la baguette étaient un phénomène naturel et s'expliquaient par les quatre lois d'Ampère sur l'action réciproque des courants électriques[1].

Une autre étude qui ne fut pas moins remarquée, c'est l'histoire géologique *de la Touraine avant les hommes*, discours prononcé en 1848 à la séance publique annuelle de la Société d'agriculture. L'auteur y raconte comment s'est formé le relief de notre province ; il trace d'une main sûre les limites des mers anciennes, des continents et des lacs d'eau douce, et décrit les espèces ani-

---

[1] Cette démonstration lui paraissait-elle concluante dix ou vingt ans plus tard ? Je n'oserais pas l'affirmer.

males et végétales de ces époques reculées. On voit ainsi naître peu à peu, au milieu de ces évolutions successives, le sol de la Touraine, jusqu'à ce qu'il ait reçu sa configuration présente.

Cependant l'abbé Chevalier avait été ordonné prêtre le 2 juillet 1848, sous le coup des émotions qu'apportaient à la province les sinistres nouvelles des journées de juin à Paris. Il s'était alors retiré du monde, fermant l'oreille à tous les bruits du dehors, pour méditer dans la retraite les grandeurs et les devoirs du sacerdoce. Deux jours plus tard, il chantait sa première messe dans la vieille église de sa paroisse natale. Honoré de Balzac, qui était alors en villégiature au château de Saché, voulut se joindre au nombreux cortège de parents et d'amis qui assistèrent à la cérémonie, et, après s'être incliné comme tout le monde sous la bénédiction du jeune prêtre, il crut devoir aller féliciter le géologue et l'écrivain de ses brillants débuts.

Le 6 septembre 1849, l'abbé Chevalier fut nommé vicaire à la cathédrale de Tours. L'archevêque, dans une lettre confidentielle pleine de sages conseils et de paternelle tendresse, lui révéla qu'il avait écarté les candidats de ses vicaires généraux pour l'introduire dans sa cathédrale, ajoutant qu'il attendait beaucoup de son zèle et de sa piété. « Vous mûrirez, lui dit-il, comme un beau et bon fruit... Écrivez à M. le curé (M. l'abbé Bruchet) une lettre dans le genre de celle que votre cœur vous a inspirée pour moi et qui a été droit au mien. Tâchez de prendre possession au plus tôt. Que votre cœur se dilate et que la paix soit avec vous. Je vous embrasse, je vous bénis et vous suis tout dévoué en Notre-Seigneur. »

L'abbé Chevalier, touché au vif des procédés si bienveillants de son archevêque, s'efforça de suivre à la lettre tous ses conseils et d'entrer dans toutes ses vues. Ses études ne l'avaient pas préparé au ministère paroissial. Il se mit à l'œuvre néammoins avec une grande ardeur ; et, sans jamais négliger aucun de ses devoirs, il parvint à trouver quelques heures pour renouer son commerce avec les livres. Il s'exerçait à la parole, prêchait l'avent de 1851 à la cathédrale de Blois, continuait les travaux déjà commencés, et préparait quelques jeunes gens au baccalauréat ou aux écoles. Cette dernière occupation, qui venait s'ajouter à tant d'autres, lui paraissait excellente, parce qu'elle maintient et développe la première culture classique, si prompte à disparaître. De fait, il a eu près de lui des élèves jusqu'à l'âge de cinquante ans.

Au mois de septembre 1853, il fut envoyé à Loches, comme principal du collège que la ville venait de confier à Mgr Morlot. C'était une œuvre

ingrate et sans avenir, comme la suite l'a prouvé.
Il fallait improviser des professeurs, gagner la confiance des familles, attirer des élèves, relever le
niveau des études, et enfin compléter ou renouveler le matériel. Les bâtiments avaient besoin de
réparations importantes; la literie et le mobilier
scolaire étaient insuffisants. Et ce qui manquait
plus encore, c'était l'argent. La caisse était pauvre,
les dépenses ordinaires absorbaient toutes les recettes; même avec des prodiges d'économie, il
était impossible de ne pas s'endetter en achetant
l'indispensable. Devant cet état de choses, l'abbé
Chevalier, qui a eu toute sa vie horreur des dettes,
hésita un instant; il eut même la pensée de recu-
ler; mais, après avoir pris conseil, il changea de
résolution et ne craignit plus d'engager l'avenir
en comptant sur la Providence. Il s'agissait d'une
dette de quelques milliers de francs, qu'il espérait
amortir peu à peu, et qu'il eût en effet acquittée
à la longue, s'il avait pu jouir du fruit de ses travaux. Mais le cardinal Morlot venait d'apprendre
que son petit séminaire et l'institution Saint-Louis
étaient grevés de dettes importantes, s'élevant à
plusieurs centaines de mille francs. Cette révélation inattendue, qui le jetait dans d'inextricables
embarras, lui causa une peine profonde, et lorsqu'il sut que le collège de Loches, de fondation si
récente, avait, lui aussi, quelques dettes, il s'en

plaignit avec amertume et ordonna que la commission administrative du collège lui adressât d'urgence un rapport détaillé sur la gestion du principal.

Cette commission se composait des trois curés de Loches et de Beaulieu, du maire de Loches, du marquis de Bridieu et de M. Archambault. Le 10 mai 1856, après une enquête minutieuse, ces messieurs adressèrent au cardinal un long rapport dont voici les conclusions :

« Avant de terminer le rapport qu'elle a l'honneur de soumettre à Votre Éminence, comme l'expression de la vérité, la commission que vous avez honorée de votre confiance, Monseigneur, remplit ici un devoir de conscience en rendant justice à M. l'abbé Chevalier. Elle a trouvé sa comptabilité tenue avec une intelligence et un ordre parfaits; elle n'a pu constater *aucun abus, aucune dépense critiquable dans sa gestion*. Tous ses comptes en recettes et dépenses sont justifiés par des écritures ou des pièces comptables en règle. Sauf les frais d'établissement, sur lesquels la commission n'a pas d'opinion à émettre, elle ne trouve rien à critiquer dans l'administration de M. Chevalier. Les déficits du collège tiennent surtout à la cherté des subsistances pendant la durée de sa gestion, et un peu au personnel trop nombreux des employés du collège : M. Chevalier nous déclare l'avoir reconnu

le premier, et avoir provoqué de Votre Éminence
une réforme sur ce point...

« Quant à la force des études, vous êtes, Monseigneur, plus compétent que nous pour apprécier
la force des maîtres que vous avez choisis et leur
aptitude à l'enseignement pratique. Vous savez trop
bien que de ce choix dépendent l'avenir et le succès de toute maison d'enseignement pour ne pas
y donner tous vos soins.

« La commission est heureuse de vous prier,
Monseigneur, de conserver toute votre bienveillance à M. l'abbé Chevalier, soit qu'il reste ou non
directeur du collège[1]. »

Le cardinal ne voulut rien entendre. Il avait
brusquement déplacé le supérieur du petit séminaire; il révoqua de même le principal du collège
et le nomma, dès le mois de juin, presque à la
veille de la distribution des prix, curé de la petite
paroisse de Lussault, près d'Amboise.

Cette disgrâce, il faut le dire, était imméritée;
le cardinal Morlot, si juste et si droit, le reconnut
plus tard en offrant à l'abbé Chevalier, à titre de
réparation, la place de premier aumônier d'un des
grands lycées de Paris; mais le coup avait été trop

---

[1] Ce rapport est signé : Archambault, rapporteur; Leblois,
curé de Saint-Antoine; Juchereau, curé de Beaulieu; L. Brif-
fault, maire; marquis de Bridieu, et Nogret, curé de Saint-
Ours.

rude, la plaie était saignante, et il fallut du temps pour la cicatriser.

Disons-le cependant à la louange de M. Chevalier, il eut la sagesse de résister aux suggestions de l'amour-propre froissé et de se soumettre humblement, comme c'est le devoir élémentaire du prêtre, à la volonté de son supérieur. Il quitta Loches, emportant les sympathiques regrets de la population, et se rendit à Lussault pour s'y installer le 1er juillet suivant.

# III



C'était au lendemain de l'inondation désastreuse de 1856. Le bourg de Lussault était à peine sorti des eaux de la Loire quand le nouveau pasteur s'y présenta. Devant ce navrant spectacle de tant d'espérances perdues et de misères accumulées, il s'oublia promptement lui-même pour ne songer qu'aux autres. Il employa tout son zèle à réconforter son peuple, et toutes ses ressources à lui venir en aide. Joignant l'exemple aux conseils, il se mit pour sa part à relever les ruines, fit bâtir une abside à l'église et une aile au presbytère ; après quoi il revint à ses livres et reprit ses études.

La paroisse de Lussault, on le comprend, ne suffisait pas pour occuper ses loisirs. Il profita de

ses heures de solitude pour mettre en ordre et
rédiger les nombreuses notes qu'il avait recueillies
précédemment sur la géologie du nord de la Touraine. Dès le 14 avril 1849, il avait été chargé par
la Société d'agriculture, avec un de ses collègues,
M. Charlot, de composer la carte géologique et
agronomique du département ; ce choix avait été
ratifié par le ministre de l'Instruction publique,
qui avait même alloué une subvention pour cet
objet. Le préfet d'Indre-et-Loire, appréciant toute
l'importance de l'entreprise, l'avait recommandée
aux maires par une circulaire officielle, en date du
18 mai 1849. Les explorations, continuées pendant
les vacances de huit années consécutives, avaient
déjà donné des résultats considérables. L'abbé Chevalier désirait tout naturellement qu'ils fussent
connus et livrés au public.

Une circonstance favorable, en lui permettant de
compléter ses études sur une autre région, vint
ouvrir tout à coup de nouvelles perspectives à la
sagacité de son esprit.

Le village de Barrou, assis sur les bords de la
Creuse, est depuis longtemps le siège de phénomènes singuliers. Le sol se fracture visiblement sur
une longueur de cent cinquante à trois cents mètres
et sur une largeur de trois à quatre mètres ; puis,
sans qu'aucun autre indice ait annoncé l'approche

du sinistre, le terrain s'affaisse verticalement de huit à dix mètres, descend au niveau de l'étiage, et entraîne avec lui les arbres et les maisons. La Creuse, ne trouvant plus sur ses rives qu'une berge disloquée, s'en empare aussitôt, empiète d'autant sur sa rive droite (elle a déjà progressé de plus de cent cinquante mètres), et reconstitue sur sa rive gauche un nouveau terrain, qui, en face de Barrou, n'a pas moins de huit à neuf hectares de superficie. C'est ainsi qu'ont disparu une partie de l'ancien village et l'antique église qui remontait au ve siècle[1].

On crut d'abord à une corrosion exercée par la rivière, et, pour protéger le village, on construisit à grands frais un énorme quai, qui ne tarda pas lui-même à se fracturer et à s'abaisser au niveau de la Creuse.

Devant cet accident, qui révélait un péril inconnu, les ingénieurs des ponts et chaussées eurent recours à l'abbé Chevalier, et l'appelèrent à Barrou, au mois d'août 1857, pour avoir son avis, en lui confiant un équipage de sonde, destiné à explorer les entrailles d'un sol qui renfermait des surprises si menaçantes. Grâce à de nombreux forages exécutés sur ses indications, le savant géologue démontra l'existence d'une rivière souterraine qui, en coulant à une faible profondeur dans un lit de sables très

---

[1] *Tableau analytique des travaux et publications de Mgr C. Chevalier*, p. 17.

fins, les entraîne dans son cours et creuse ainsi de longues cavernes dans lesquelles se précipite le sol supérieur. En captant ces eaux par des sondages, on a pu diminuer le péril, sans le supprimer complètement, et depuis plus de trente ans aucun mouvement inquiétant ne s'est produit sur ce point[1]. Le village de Barrou doit donc sa sécurité présente aux explorations de l'abbé Chevalier.

Les mêmes phénomènes d'affaissement se reproduisent en Touraine, sur une échelle plus ou moins grande, en une foule de points, tout le long de la Creuse et de la Vienne, et la catastrophe qui ensevelit tant de victimes au village du Vieux-Ports, en 1880, n'est qu'un accident du même genre, prévu et annoncé dès 1857 par notre géologue.

L'étude de la vallée de la Creuse, en lui révélant l'existence de riches courants souterrains dans les couches supérieures du sol, lui donna la hardiesse d'indiquer les points précis où des forages artésiens pouvaient être tentés avec succès. Il eut la bonne fortune de voir ses prévisions réalisées à Gaudru, commune d'Yzeures, à Barrou, à la Guerche, à Balesmes (Indre-et-Loire), à la Patrière, commune de Lésigny, à Leugny et à Mairé (Vienne). La médiocre profondeur des courants et la nature

---

[1] *Tableau analytique, etc.*, pp. 17, 18.

friable des couches traversées par la sonde, permirent d'amener au jour de puissantes sources jaillissantes dans les conditions les plus économiques : chacune d'elles ne coûta pas plus de trois à quatre cents francs[1]. La richesse publique, dans la vallée de la Creuse, se trouva ainsi augmentée d'une valeur considérable, estimée par des hommes compétents à plusieurs centaines de mille francs ; et encore faut-il dire que les indications précieuses du géologue tourangeau, par suite de l'inertie des propriétaires, sont loin d'avoir produit tout le bien qu'on en peut attendre.

Cet ensemble de renseignements trouva place dans les *Études sur la Touraine*, publiées au mois de juillet 1858. La configuration du sol, le climat, l'hydrographie superficielle et l'hydrographie souterraine, la constitution minéralogique et géognostique, les carrières de pierres et de marnes, la description des cantons du nord au point de vue

---

[1] Le forage du puits de la Patrière exigea seulement le travail de six hommes pendant trente-quatre jours, à un franc cinquante par jour, soit une dépense de trois cent six francs. — Le puits de M. Cigogne, à Barrou, creusé en 1878, n'a demandé que vingt-deux jours de travail.

Tous ces détails sont empruntés à des rapports et à des notes de M. l'abbé Chevalier, qui s'est intéressé jusqu'à la fin de sa vie à la question des affaissements de Barrou, comme le prouve une correspondance toute récente que j'ai sous les yeux.

agronomique, l'établissement des différentes régions
culturales, avec une carte, etc., etc., tels sont les
points principaux développés dans cet ouvrage. Le
monde savant l'accueillit avec faveur ; le secrétaire
perpétuel de l'Académie des sciences, M. Élie de
Beaumont, le signala à ses collègues ; le ministre
de l'instruction publique l'honora d'une souscription importante ; enfin le conseil général d'Indre-
et-Loire, qui en avait approuvé et encouragé l'idée,
dans sa session de 1849, demanda qu'il fût conti-
nué, et inscrivit chaque année, dans ce but, une
allocation au budget.

Disons tout de suite que le travail fut poursuivi
pendant les douze années suivantes pour la partie
méridionale de la Touraine, et qu'à chaque session
l'auteur présentait au conseil général un rapport
partiel sur les explorations de l'année. Ces rapports
furent fondus en un rapport d'ensemble accompagné
d'une carte, lequel fut déposé entre les mains du
préfet, au mois de juillet 1870[1]. Ce grand travail
ne pouvait pas arriver à une heure plus mauvaise ;
aussi passa-t-il inaperçu au milieu des catastrophes
qui mettaient en question l'existence du pays.

---

[1] J'ai offert à la bibliothèque municipale de Tours une liasse
importante de notes manuscrites relatives aux excursions géologiques de Mgr Chevalier en Touraine. On y trouvera la copie
originale de ses rapports au préfet et au conseil général.

# IV



Après un an de séjour à Lussault, M. l'abbé Chevalier fut nommé curé de Civray-sur-Cher, au mois d'août 1857. La confiance de ses collègues vint l'y chercher en 1859, malgré son éloignement de la ville, pour lui imposer le titre de secrétaire perpétuel de la Société d'agriculture. Cette charge n'était pas une sinécure : une correspondance considérable, le dépouillement des publications agricoles, la rédaction des procès-verbaux des séances, le rapport annuel sur les travaux de la compagnie, enfin la publication du bulletin mensuel de la Société, dont la collection, pendant le secrétariat de M. Chevalier, ne forme pas moins de dix-neuf volumes in-8°, il y avait là de quoi remplir ce qui

peut rester de loisirs à un curé de campagne, même
à Civray-sur-Cher, où les habitudes religieuses laissaient à désirer. Nous ne dirons point comment
l'abbé Chevalier s'acquitta de cette tâche. La Société
d'agriculture a pris soin de le dire elle-même, lorsqu'il abandonna la Touraine, en 1879, après vingt
ans de services, en lui décernant le titre de secrétaire perpétuel honoraire, et en lui votant une
médaille d'or qui lui fut remise solennellement
comme témoignage de reconnaissance. Ses collègues
ne pouvaient oublier avec quel art il avait analysé
leurs communications, avec quelle délicatesse il
avait su louer les membres défunts.

La carte géologique, le secrétariat de la Société
d'agriculture, les élèves ne suffisaient point à
absorber toute son activité; il restait encore une
large place pour l'histoire ecclésiastique et civile,
pour le droit canonique, le droit féodal, le droit
coutumier, l'hagiographie diocésaine, la paléogra-
phie, l'archéologie, en un mot pour toutes les études
préparatoires à l'histoire approfondie d'une province. En même temps, tout ce qui avait été déjà
publié sur la Touraine était analysé et classé par
fiches. Ces fiches ont donné plus tard naissance à
la *Table analytique des Mémoires de la Société
archéologique de Touraine*, qui forme à elle seule
le tome XV des publications de la compagnie.

Cette table est précédée d'un curieux *Essai sur les noms géographiques en Touraine,* duquel M. l'abbé Bourrassé a dit : « C'est une des pages les plus piquantes, les plus instructives, les plus ingénieuses qui aient été écrites sur un sujet naturellement aride. » L'auteur y recherche et fixe d'une manière précise, d'après les noms géographiques, les limites de la langue d'oïl et de la langue d'oc: et ses vues ont paru à beaucoup de bons esprits entièrement justifiées ; les noms de lieux ne sont-ils pas, en effet, des débris de ces deux langues encore subsistants sur le sol, comme pour marquer et jalonner leur domaine respectif?

A ces études théoriques se mêlaient des recherches archéologiques sur le terrain, combinées avec les explorations de géologie. On ne saurait imaginer le nombre de monuments que le curé de Civray a découverts ou étudiés sous un point de vue nouveau et ramenés à leur véritable signification. Citons rapidement, d'après les *Mémoires de la Société archéologique,* les principales de ses heureuses trouvailles :

En premier lieu, la piscine baptismale à immersion du vi<sup>e</sup> siècle, recueillie en 1861 dans les fouilles nécessitées par la construction du nouveau clocher de l'église de Civray-sur-Cher; c'est une pièce de céramique excessivement rare, paraît-il, peut-être unique, qui forme une des curiosités du musée de la Société archéologique de Touraine;

Plus de quarante établissements métallurgiques gaulois ou forges à bras, destinés à produire le fer, révélés par la présence de nombreuses scories ou mâchefer;

La forge de la Motte de Betz, encore remplie de fonte;

Quatre souterrains de refuge sous les châteaux de la Celle-Guenand, de Betz, du château Robin, à Saché, de Villaines, et un cinquième à la Tour-Saint-Gelin;

Plusieurs lieux de refuge ou *oppida* à la Châtre, près de Betz, au village de Betz lui-même, à Chambon, à la Châtre-aux-Grolles, près de Saint-Flovier, au pont de la Motte, près de Tours, à Rochecorbon, à Amboise, etc., etc.;

Cinq aqueducs gallo-romains, à Chisseau, à Civray-sur-Cher, à la Fontaine-Saint-Martin, à Fontenay et au Haut-Village, ces trois derniers près de Bléré, venant apporter leur tribut à l'aqueduc plus important qui amenait à Tours les eaux des Grandes-Fontaines;

L'étude de la villa romaine de Mazères, près d'Azay-le-Rideau, relevée et publiée avec un plan des fouilles;

Une tuilerie antique à la Rousselière, près de Civray-sur-Cher, et un four à chaux gallo-romain, au pied des Houdes, près de Francueil, encore remplis de leurs produits, et détruits tous deux en pleine période d'activité, probablement à l'époque de l'invasion des barbares;

Deux ateliers de poteries antiques, couverts d'une multitude de débris, à Mougon, sur les bords de la Vienne, et à Pouillé, sur les bords du Cher, en face de Thésée (Loir-et-Cher);

Les prétendus *tumuli* de Bazonneau, à Montbazon, de Nouâtre et de Groin, au confluent de la Creuse et de la Vienne, mieux étudiés et reconnus pour n'être que des blockhaus, servant à couvrir un petit camp retranché;

Le camp de Chéraman établi à Morand par Foulques Nerra, au xi° siècle, exploré et mesuré avec soin;

La nécropole chrétienne de Braye-sous-Faye, remplie d'une multitude innombrable de tombes en pierre;

Les trois magnifiques verrières de l'église de Civray-sur-Cher, du xii° siècle, retrouvées derrière un immense retable qui les masquait entièrement;

Et enfin beaucoup d'autres monuments qu'il nous serait aisé d'ajouter à cette liste déjà longue, si nous prenions la peine de dépouiller la collection complète des *Mémoires* et des *Bulletins de la Société archéologique*. C'est un travail que nous n'avons pas le temps d'entreprendre.

2*

## V



La question de l'âge de pierre doit aussi quelque
chose à l'abbé Chevalier. Initié à cette science par
deux de ses amis, l'abbé Bourgeois et l'abbé
Delaunay, directeurs de l'école de Pontlevoy, et
préparé par l'étude des ateliers de pierre à fusil
qui continuent à fonctionner à Meusnes (Loir-et-
Cher), il avait reconnu, en examinant des pierres
taillées recueillies sur les bords de la Creuse par
M. le comte de Chasteignier et produites en 1860,
le gisement géologique de ces silex à Neuilly-le-
Brignon, près de La Haye-Descartes, et annoncé
qu'on devait trouver dans le voisinage de grands
ateliers préhistoriques. Cette prévision ne tarda pas
à se vérifier : le docteur Léveillé, mis sur la piste,
rencontra d'immenses ateliers de *nuclei* en silex

jaunâtre, ou *livres de beurre*, aux environs du
Grand-Pressigny, sur tout le plateau qui sépare
la Claise de la Creuse. Ces silex, il les foulait aux
pieds depuis longtemps, sans y voir autre chose
que des résidus de pierres à fusil. Et voilà que tout
à coup, changeant d'opinion, il se fit l'ardent pro-
moteur des idées nouvelles défendues ailleurs par
M. Boucher de Perthes : les silex étaient des instruments taillés de main d'homme, des haches
polies, des couteaux, des scies, des pointes de
flèches, etc., etc. Que s'était-il passé? L'abbé Chevalier était venu sur les lieux, il avait reconnu le
caractère et l'importance de ces ateliers, s'était
rallié lui-même sans hésitation à la théorie de
M. Boucher de Perthes et avait ainsi déterminé la
conversion totale du docteur Léveillé[1]. On sait

[1] La question de l'âge de pierre au Grand-Pressigny a été
étudiée avec un grand soin par mon excellent confrère et ami,
l'abbé Brung, curé de Chaumussay, qui a publié, en 1892, une
brochure très remarquable intitulée: *Atelier préhistorique du
Grand-Pressigny*. Vicaire de la paroisse en 1864, l'abbé Brung
employa ses loisirs à la recherche des instruments préhistoriques et contribua plus que personne à enrichir le musée du
docteur Léveillé. Sa collection, qui est des plus complètes, renferme des séries de chaque type. « Outre les instruments en
silex fixés sur des tableaux et dont le chiffre s'élève à près de
six cents, mes vitrines, dit-il, contiennent un très grand nombre
d'autres outils de toute forme et de toute dimension. » Cette
collection a figuré à l'exposition rétrospective de la Société
archéologique de Touraine, en 1890, et à l'exposition nationale
de Tours en 1892.

tout le bruit qu'ont fait depuis les pierres de Pressigny. Le curé de Civray les signala au monde savant par deux lettres adressées à l'Académie des sciences en 1863 et 1864[1], et prit occasion de cette découverte pour faire à la Société archéologique plusieurs de ces conférences improvisées qui excitaient à bon droit l'admiration de ses collègues.

Les séances de la Société archéologique étaient alors de véritables fêtes intellectuelles; on y rencontrait des hommes éminents, d'un grand savoir et d'une parfaite courtoisie, qui supportaient volontiers la contradiction, ou la provoquaient, au besoin, dans le but de s'éclairer. L'abbé Chevalier, pétillant de verve et d'esprit, prenait part à toutes les discussions, et emportait généralement d'assaut le suffrage de toute l'assemblée. Après l'une de ces séances mouvementées dont il avait été le héros, un de ses admirateurs, M. Chambert, disait un jour devant moi : « J'ai suivi les cours des professeurs les plus diserts du collège de France ; j'ai entendu les plus brillants causeurs de mon temps : je n'en ai pas rencontré un seul qui fût comparable

---

[1] On a voulu contester à M. Chevalier la priorité dans la vulgarisation de ces faits. Le secrétaire perpétuel de l'Académie des sciences, M. Élie de Beaumont, s'est chargé lui-même de rétablir la vérité sur ce point.

à l'abbé Chevalier. » MM. Bourassé, Ladevèze, Robin et Brizard lui rendaient le même témoignage. C'était un charmeur.

Une fois entré dans l'étude d'une question, M. Chevalier tenait à l'approfondir et à n'asseoir son jugement que sur de solides raisons. Il ne se contenta donc pas d'explorer la région du Grand-Pressigny pour y recueillir des silex, il poursuivit un peu de tous côtés ses investigations avec le flair et la ténacité qui le caractérisaient, et il finit par découvrir quelques-uns des instruments qui servaient à la fabrication de ces pierres taillées. Le premier de ces instruments fut trouvé à Paulmy, au mois de juillet 1863. C'était un polissoir dans les rainures angulaires duquel on engageait les haches ébauchées pour les polir et les aiguiser par le frottement. Jamais encore on n'avait produit de pièces de ce genre. Quand les yeux furent ouverts, les chercheurs en trouvèrent de toutes parts, et ces outils primitifs ne sont pas rares aujourd'hui. Mais, à cette date, c'était une fortune pour un amateur d'en introduire un dans sa collection. Depuis, l'abbé Chevalier en a trouvé plusieurs autres en Touraine, et a signalé, dans un champ, près de Châtillon-sur-Indre, un énorme bloc de silex à rainures, sur lequel on venait évidemment terminer les haches de pierre.

Dans le *Tableau analytique* de ses publications

il est aussi parlé d'un autre fait curieux, auquel il attachait de l'importance, et qui jette une vive lumière sur la manière dont les cailloux se clivent naturellement par la percussion. « En ramassant à Civray des fossiles et des galets diluviens sur les tas de pierres accumulés pour l'entretien des routes, il trouva des silex clivés en cônes parfaits par le choc du marteau du cantonnier, et présentant souvent des zones régulières de couleurs variées d'un charmant effet. Cette forme conique se détermine d'autant plus facilement que la pâte du silex est plus homogène, et l'on s'explique ainsi les cassures conchoïdales que l'on remarque dans les pierres taillées[1]. » Il soumit l'examen de ce fait à la critique de son ami, M. Charles des Moulins, en lui expédiant une caisse de ces cailloux à Bordeaux, et il apprit avec plaisir que sa trouvaille avait excité l'intérêt d'un professeur de la Faculté et de plusieurs géologues.

Les excursions de l'abbé Chevalier en Touraine n'étaient qu'un délassement. Il y consacrait une journée de loin en loin, se hâtait de voir, et revenait à son poste. Son ministère paroissial était assurément moins laborieux qu'il ne l'eût désiré, mais il le remplissait, comme il faisait toutes choses,

---

[1] *Tableau analytique*, p. 30.

avec un soin religieux et une exactitude parfaite, ne voulant pas se laisser distraire par l'amour de la science d'aucun des devoirs qui incombent au pasteur. Et pourtant il souffrait de constater dans la somme de ses connaissances des lacunes qui ne pouvaient être comblées que par des excursions plus lointaines. Il résolut donc d'entreprendre avec l'agrément de ses supérieurs quelques grands voyages au profit de ses études. Il parcourut d'abord et successivement les différentes provinces de la France, visita l'Angleterre en 1860, la Suisse en 1862, 1869, 1873 et 1876, la Savoie en 1865, l'Italie en 1867, 1877 et 1878, la Belgique, la Hollande et la Prusse Rhénane en 1868, et les Pyrénées en 1872.

Aucun de ses voyages n'était improvisé. De longue date il dressait son itinéraire, déterminait toutes ses étapes, étudiait sur la carte et dans les livres le pays et son histoire, prévoyait les questions à résoudre, et ne laissait rien au hasard. De la sorte, avant de partir, il semblait tout savoir, et, chemin faisant, il prenait une foule de notes qu'il colligeait, au retour, pour ne rien oublier. Il n'est donc pas étonnant que ses voyages aient été fructueux, même pour l'histoire de Touraine. A Anvers et à Francfort, il étudia les œuvres de notre grand peintre Jehan Foucquet, qu'on peut regarder comme le premier maître de la peinture française, au

xv⁰ siècle; à Rome, il rechercha à la Minerve le
portrait du pape Eugène IV, peint par le même
Foucquet, mais il ne put en trouver qu'une copie
ancienne; à Angers, pendant le congrès archéologique de 1871, il reconnut tout le mérite des tapisseries de Semblançay, provenant de Saint-Saturnin
de Tours, qui furent si remarquées à notre exposition rétrospective de 1873, et estimées à une si
haute valeur par M. Darcel, directeur des Gobelins;
à Oxford, un registre dérobé au fonds Gaignières
de la Bibliothèque nationale, et déposé à la bibliothèque Bodléienne, lui donna le dessin et les inscriptions des tombeaux de Foulques Nerra et de
Ronsard, avec des indications précises sur leur
emplacement dans les églises de Beaulieu et de
Saint-Cosme-lez-Tours. Ces notes communiquées
au congrès archéologique de Loches, en 1869, ont
permis de retrouver la sépulture et les ossements
du comte d'Anjou. Si la recherche des restes de
Ronsard, au mois de juin 1870, a été moins heureuse, c'est que les chanoines de Saint-Martin,
comme on l'a su depuis, avaient relevé, au siècle
dernier, tous les ossements des anciens prieurs de
Saint-Cosme.

# VI



Du presbytère de Civray, en douze ans, il sortit douze volumes in-8°, un volume in-4°, plusieurs brochures, des rapports, des mémoires et un grand nombre d'articles de journaux. Ne pouvant tout dire ni tout analyser, je me bornerai à signaler ici les plus originales ou les plus remarquables de ces œuvres.

Une des premières en date fut le *Tableau de la province de Touraine de 1762 à 1766*, d'après un manuscrit de la bibliothèque municipale de Tours. Ce volume renferme une abondance incroyable de renseignements, de chiffres et de données statistiques sur l'administration, l'agriculture, l'industrie, le commerce et les impôts de notre province vers le milieu du xviii° siècle. Il a été signalé par M. Amédée

Thierry au comité des travaux historiques établi près du ministère de l'instruction publique comme une des publications les plus importantes qui aient été faites sur l'administration de l'ancienne France.

A la fin de l'année 1861 l'abbé Chevalier voulut, comme il le disait modestement, apporter son grain de sable à l'œuvre de la reconstruction de la basilique de Saint-Martin. Mgr Guibert avait donné le signal de cette réparation nécessaire dans une lettre en date du 8 décembre 1859. Les membres de la commission du vestiaire s'étaient préoccupés de retrouver le plan de l'ancienne basilique et de faire sans bruit l'acquisition des maisons qui recouvraient l'emplacement du tombeau. A peine entrés en possession, ils s'étaient empressés de commencer les fouilles, et un grand mouvement de piété filiale envers l'apôtre des Gaules et la restauration de son culte s'était accusé dès le premier jour pour aller s'accentuant jusqu'au 14 décembre 1861, jour de la découverte du lieu précis où avaient reposé les reliques de saint Martin. La joie était grande parmi les fidèles; on venait en foule à la chapelle provisoire, on ne parlait que de la future basilique, et il semblait qu'elle était exigée par le vœu unanime de la population, lorsque parut tout à coup une brochure hostile, où s'étalait avec cynisme l'impiété railleuse de Voltaire. C'était l'œuvre d'un obscur avocat, M. Armand Rivière, depuis maire de Tours et député d'Indre-et-Loire. Dans l'état des esprits, cette brochure était un scandale, et chacun se demandait s'il n'était pas à propos d'y répondre, au lieu de la traiter, comme le désiraient quelques-uns, par le silence du dédain. L'abbé Chevalier trancha la question, et trouva le moyen de satis-faire tout le monde. Laissant de côté la personne de l'avocat, il prit le sujet de haut et composa sur le rôle et l'influence du grand évêque de Tours une étude magistrale intitulée : *Figure historique de saint Martin*, dans laquelle il démontrait que l'apôtre de la Touraine et des Gaules avait été un homme providentiel, le tuteur de notre nationalité naissante et le sauveur de notre civilisation. « Voyez plutôt dans un résumé rapide, ajoutait-il en forme de conclusion, les traits principaux de cette exis-tence glorieuse. La Providence prend par la main ce soldat obscur, illettré, et lui confie la mission sublime de fonder dans la Gaule la première mo-narchie catholique du monde. Armé d'une influence divine, Martin traverse notre pays, et en quelques années il achève la ruine du paganisme : ce con-quérant pacifique, plus grand et plus glorieux que César, soumet à lui seul la Gaule entière au joug de l'Évangile. A sa mort, sa mission entre dans une phase nouvelle. Sur ce sol, qui vient d'être arraché à la barbarie païenne, il s'agit de constituer

une nationalité forte, indépendante, et surtout une
royauté catholique. Le glorieux sépulcre de l'évêque
de Tours devient la pierre angulaire de la monarchie
française. Pendant six siècles, saint Martin plane
sur la France comme le génie tutélaire de notre
nation; il se mêle à tous les grands événements de
notre histoire; il prend part à nos luttes, il préside
à nos destinées. De son tombeau partent les coups
qui convertissent les Francs, chassent les Visigoths,
écrasent les Sarrasins et repoussent les Normands;
son tombeau reste au milieu de la barbarie le phare
lumineux de la civilisation. Par son influence, saint
Martin est donc le compagnon d'armes de Clovis,
le collègue de Charles-Martel, le prédécesseur de
Charlemagne, ou plutôt il prépare et complète
l'œuvre de ces immortels génies. Tel est le rôle
immense et glorieux de saint Martin, rôle qui lui
assigne le rang d'un homme véritablement national.
A ce point de vue, la reconstruction de la basilique
de Saint-Martin est donc une œuvre nationale, qui
intéresse la France tout entière. »

L'opinion publique accueillit avec faveur « ce
travail si remarquable et qui contient tant de choses
dans sa brièveté[1] »; mais personne ne sut mieux

[1] Vincent de Pascal, la *Vocation de la France et saint Martin*,
p. 17. — Dans un article de l'*Univers* reproduit par la *Semaine
religieuse de Tours*, du 16 novembre 1872, Louis Veuillot a loué

l'apprécier que l'archevêque de Tours, Mgr Guibert, qui, le 26 décembre 1861, écrivait à l'auteur : « Mon cher curé, je viens de lire votre brochure sur saint Martin. Cette publication est très opportune en ce moment. On dirait qu'en l'écrivant vous aviez le pressentiment des attaques dont l'œuvre de Saint-Martin devait être l'objet. Votre écrit est la seule réponse qui convienne, précisément parce qu'elle n'est pas une réponse. On ne doit pas une réfutation directe à des objections qui ne sont pas sérieuses. »

En réalité, l'abbé Chevalier avait mieux qu'un pressentiment, il avait eu sous les yeux le pamphlet de M. Rivière, et en quelques jours, avec cette facilité merveilleuse que nous aurons plus d'une fois l'occasion d'admirer, il avait eu le temps de composer sa brochure et de la faire imprimer.

« Je me propose, ajoutait l'archevêque, d'envoyer ce petit écrit à M. le ministre, en priant Son Excellence de le lire, pour se convaincre de plus en plus combien est raisonnable et populaire la pensée d'élever à Tours une église en l'honneur de saint Martin. Il sera bon d'envoyer la brochure aux journaux religieux, qui ne manqueront pas de la reproduire ou au moins d'en donner des extraits. Il est à désirer que ce petit écrit soit lu et propagé

sans réserve l'opuscule de M. Chevalier, en déclarant que c'était « un excellent ouvrage ».

partout. Je verrai avec plaisir que les prêtres du diocèse, qui voudront se le procurer, le répandent et le fassent connaître parmi les fidèles. L'œuvre de Saint-Martin, qui est particulièrement chère au clergé, ne pourra qu'y gagner. »

Mɣr Guibert fit plus encore : il en offrit un exemplaire à l'empereur, qui en accusa réception par une lettre des plus flatteuses pour l'abbé Chevalier, et chaque fois qu'un évêque recevait l'hospitalité au palais archiépiscopal, il trouvait dans sa chambre, à titre de gracieux hommage, la *Figure historique de saint Martin*.

Une seconde édition de cet opuscule fut publiée en 1864. Le cardinal Bourret, évêque de Rodez, alors professeur de droit canonique à la Sorbonne, en félicita l'auteur en ces termes : « Cher ami, je vous remercie de votre *Saint Martin*. Il m'a prouvé une fois de plus que vous étiez un homme d'esprit et un limpide écrivain. Le cœur n'y manque pas plus que l'esprit. La lettre de l'archevêque est excellente. Vous savez charmer votre solitude par des études qui en mèneraient d'autres à l'Institut. On annonce ici sur les nues vos découvertes de Chenonceau. »

# VII



Ces découvertes étaient, en effet, de nature à
piquer l'attention publique. Le curé de Civray avait
eu la fortune de retrouver dans une chambre écartée
du château, ignorée même de ses possesseurs, tout
le chartrier de Chenonceau, composé de plus de
quatre mille deux cent cinquante pièces et registres,
dont quelques-uns fort volumineux. C'est une des
plus riches collections d'archives particulières que
l'on connaisse en France. Les documents remontent
au XIIIe siècle et se poursuivent, pour ainsi dire,
d'année en année, jusqu'à nos jours. Ce sont des
actes de toute sorte, contrats d'acquisition, aveux
et dénombrements de la seigneurie et de ses dépen-
dances féodales, procédures, baux, comptes de

régie, devis et réceptions de travaux, dessins d'architectes, plans, inventaires de meubles et de titres, mémoires, correspondances, etc., avec des signatures royales ou princières et de précieux autographes. La majeure partie de ces titres est en parchemin, et la conservation en est admirable. L'heureux inventeur de ce trésor, — avec quel labeur, on le devine, — eut le courage de lire toutes ces pièces, de les analyser, de les classer méthodiquement et de les distribuer en cent cinq registres in-4° et in-folio.

Il ne s'en tint pas là. Encouragé par le comte de Villeneuve, alors propriétaire de Chenonceau, puis par Mme Pelouze, qui acheta le château en 1864, il tira du chartrier cinq volumes de documents historiques et artistiques, jugeant qu'il convenait de publier les pièces justificatives avant d'aborder l'histoire de la seigneurie, d'en raconter les vicissitudes, d'en décrire les fêtes et d'en révéler les artistes. Toutefois des introductions partielles mettaient en relief les points principaux de la découverte. Une revue très accréditée, toujours à l'affût de curiosités littéraires ou historiques, en entretint ses lecteurs au mois de juin 1867, dans un article remarquable dû à la plume élégante de M. Aubry-Vitet.

Qu'il me suffise de mettre en lumière les principaux résultats acquis désormais à l'histoire.

On a répété longtemps que la Renaissance artistique du xvi<sup>e</sup> siècle avait des origines purement italiennes, et presque personne n'osait le contester. On attribuait couramment à des maîtres étrangers la plupart de nos monuments d'architecture et de sculpture. L'abbé Chevalier s'inscrivit de bonne heure en faux contre cette opinion erronée ; il démontra que nos œuvres les mieux caractérisées sont antérieures à l'arrivée des architectes italiens en France, fit remarquer le caractère propre de l'architecture des bords de la Loire, nomma quelques-uns des maîtres maçons indigènes qui construisirent ces châteaux, et revendiqua pour la Touraine le premier éveil de ce qu'on a appelé avec raison la Renaissance française, trop tôt arrêtée dans son essor par l'invasion des artistes étrangers.

Un autre préjugé de notre époque prétend que le morcellement du sol, regardé par les uns comme un bienfait, par les autres comme un malheur des temps modernes, ne date que du code civil. Il n'en est rien. En reconstruisant pièce à pièce, sur des contrats authentiques, tout le cadastre de la châtellenie au xv<sup>e</sup> et au xvi<sup>e</sup> siècle, l'historiographe de Chenonceau a fait voir que le sol était déjà extrêmement divisé, et que le nombre des petits propriétaires était beaucoup plus considérable qu'on ne le suppose. C'est une vérité nouvelle qui commence à faire son chemin; des études analogues, entreprises en d'autres régions, sont déjà venues confirmer les résultats acquis sur les bords du Cher.

Une des curiosités de l'histoire de Chenonceau, c'est la connaissance plus intime du caractère de Diane de Poitiers, femme avide, sans entrailles, amie de la ruse et de la chicane, toujours prête à recourir, comme le plus retors des procureurs, à des procédures compliquées pour assurer sa fortune. Il faut lire, dans le volume intitulé *Diane de Poitiers au conseil du roi,* tous les détails de la procédure savante qu'elle imagina pour effacer la tache domaniale de Chenonceau et tenir cette terre, non d'un don gratuit du roi, mais d'une adjudication régulière, faite par les tribunaux compétents, à la suite d'une saisie réelle opérée sur le vendeur redevenu propriétaire malgré lui. C'est une véritable comédie, pleine de pièges, d'astuce et d'incidents plaisants. Pour comble de comique, cette machination judiciaire ne put défendre la duchesse de Valentinois contre les désirs impérieux de Catherine de Médicis, et ce fut M$^{me}$ Dupin, au milieu des spoliations de la Révolution, qui profita du procès engagé au xvi$^e$ siècle par Diane de Poitiers.

Si Diane amassait avec l'insatiable passion de l'avare, « Catherine, lisons-nous dans le *Tableau analytique*, dépensait avec insouciance, tellement qu'elle mourut insolvable. Ses domaines furent saisis à la requête des créanciers; ses dernières volontés furent méconnues; malgré l'autorité du roi, la reine Louise de Lorraine, que son testament avait instituée légataire de Chenonceau, en fut chassée par les huissiers; Henri IV et sa femme Marguerite furent forcés de renoncer, comme des bourgeois ruinés, à la succession de la reine mère, et, pour terminer par une dernière humiliation cette liquidation désastreuse, les hardes et les vêtements de Catherine, appréciés par le crieur public, furent vendus à l'encan de Paris. » N'est-ce pas là une page ignorée de l'histoire du XVI<sup>e</sup> siècle? N'est-ce pas, comme l'écrivait M. de Martonne, toute une révélation?

Il faudrait parler maintenant des autres nouveautés de cette publication, de la création du parterre italien de Diane de Poitiers, des fêtes données par Catherine de Médicis, des architectes et des artistes qu'elle fit venir à Chenonceau, comme le Primatice, Philibert Delorme et Bernard Palissy, de ses fontainiers et des jardiniers qu'elle appela de Calabre et de Sicile pour planter des *jardins verts*, enfin de ses projets grandioses dont l'architecte du Cerceau nous a transmis les plans; mais ces détails nous entraîneraient trop loin. Je renvoie le lecteur à l'*Histoire de Chenonceau*, sans pourtant résister au plaisir de citer ici quelques lignes d'un article du *Journal d'Indre-et-Loire*, où M. Ladevèze rendait au curé de Civray le juste hommage dû à ses mérites. « Notre amitié, disait-il, a été tentée plus d'une fois de se plaindre de la coïncidence fâcheuse qui avait voulu qu'un de nos plus infatigables chercheurs, un de nos érudits les plus distingués se trouvât précisément relégué dans une de nos paroisses les plus humbles, les plus éloignées de toute source de travail intellectuel. Avons-nous bien le droit de nous plaindre, quand cette espèce d'exil a précisément, et comme providentiellement, placé une mine historique aussi précieuse qu'intéressante pour notre province sous la main de l'homme le plus merveilleusement apte à en exploiter les richesses[1]? »

Tant de travaux, tant de services rendus aux lettres, à l'art, à l'histoire, et même à la richesse générale par la découverte des sources artésiennes des bords de la Creuse et par la confection de la carte géologique de la Touraine, ne pouvaient laisser indifférents les pouvoirs publics. En 1865, la décoration de la Légion d'honneur vint trouver le modeste curé de campagne au fond de sa studieuse retraite. Il n'avait alors que quarante ans,

---

[1] *Journal d'Indre-et-Loire* du 10 mars 1866.

et déjà ses ouvrages auraient pu remplir la vie
entière d'un autre homme. Ses paroissiens se sen-
tirent tous décorés en sa personne, et leur joie naïve
ajouta un nouveau prix à cette distinction. M. l'abbé
Bourassé fut délégué par le ministre de l'instruction
publique pour procéder à la réception du titulaire,
et ce ne fut pas un médiocre bonheur pour M. Chevalier de recevoir la croix des mains de son cher et
vénéré maître. Et pour que rien ne manquât à cet
honneur, le conseil général d'Indre-et-Loire, par
une dérogation aux usages, félicita publiquement
le nouveau légionnaire, dont il appréciait les travaux et dont il subventionnait les explorations.
Parmi tant de félicitations qui lui vinrent de toutes
parts, l'abbé Chevalier fut particulièrement touché
de celles de M. Élie de Beaumont.

# VIII



Les cinq volumes de documents extraits du chartrier de Chenonceau ne pouvaient être que la préface d'un sixième volume. Encouragé par les suffrages flatteurs de l'Académie des inscriptions et belles-lettres, M. Chevalier ne tarda pas à composer ce nouvel ouvrage qui raconte, avec tout l'intérêt d'un véritable roman, l'histoire, curieuse à tant de titres, du château de Chenonceau. « Ce volume fut magnifiquement imprimé par les presses célèbres de la maison Perrin, de Lyon (1868), et peut être considéré comme un chef-d'œuvre de typographie[1]. » Mais ce n'est là que le moindre de ses mérites. L'auteur envoya son livre au con-

[1] *Tableau analytique*, p. 40.

cours historique ouvert en 1869 dans toutes les académies de France. Cinquante-huit ouvrages d'histoire se disputaient à Poitiers le prix de mille francs promis au vainqueur. L'*Histoire de Chenonceau* écarta d'emblée tous les concurrents; mais comme les juges étaient quelque peu émus de tant de nouveautés, ils demandèrent la production des pièces justificatives pour rassurer leur conscience. M. l'inspecteur Joubin, dans la séance solennelle de rentrée des facultés de l'Académie de Poitiers, le 23 novembre 1869, formulait ainsi le jugement du jury :

« Pour analyser l'ouvrage de M. Chevalier et vous en faire apprécier tout le mérite et tout le charme, j'aurais besoin de plus de temps qu'il ne m'en est accordé, et je sortirais des limites étroites dans lesquelles je dois me renfermer, sans lasser cependant, j'en suis sûr, en disparaissant derrière mon auteur, votre bienveillant intérêt...

« Par quels coups du sort cette habitation princière a-t-elle passé des mains de ses fondateurs dans celles que nous avons énumérées? C'est ce que M. l'abbé Chevalier expose avec un soin et un scrupule historique qui, tout en nous faisant connaître la transmission de la propriété au xvi° siècle, l'ancienne division du sol, les agencements féodaux, les procédures de justice, nous font pénétrer en même temps dans la vie intime des personnages qu'il met en scène, et les éclairent d'un nouveau jour. Les comptes de Diane de Poitiers, la révélation inattendue des dettes et de l'insolvabilité de Catherine de Médicis, l'expropriation d'une autre reine de France, Louise de Lorraine, contrainte de subir une transaction douloureuse que lui imposa Gabrielle d'Estrées ; enfin la revendication patriotique pour la France d'une renaissance artistique, toute nationale et antérieure à l'arrivée des artistes italiens : voilà des points curieux et ignorés de notre histoire que M. l'abbé Chevalier a su mettre en lumière, et qui font de son livre, écrit dans un style entraînant, une œuvre éminente par l'originalité et l'abondance des matières qu'il contient.

« On ne se doute guère, en effet, Messieurs, en feuilletant l'élégant volume de l'abbé Chevalier, quelles recherches considérables, quels travaux persévérants il résume : dépouiller, mettre en ordre, analyser plus de quatre mille pièces qui composent ce riche chartrier du château, relégué dans les combles depuis 1789, en extraire cinq volumes de pièces justificatives qui attestent la sagacité de l'auteur et sa passion pour la vérité : telle est, Messieurs, l'œuvre à laquelle le jury décerne le grand prix de mille francs. » *( Annales de la Société d'agriculture d'Indre-et-Loire,* t. XLVIII, p. 404.)

Le recteur de l'Académie de Poitiers, M. Magin, avait fait précéder ce rapport des paroles suivantes :

« Le rapport rédigé, au nom et avec la participation du jury, par M. l'inspecteur Joubin, sur le concours de l'Académie de Poitiers, vous dira avec quels soins minutieux et quels scrupules de justice et d'impartialité nous avons procédé à ce travail herculéen, malgré le peu de temps que nous laissaient, du 1er août au 15 novembre, les embarras d'une première exécution. Nous avons eu la satisfaction de rencontrer plus d'une œuvre digne de nos éloges, et nous ne désespérons pas que celle qui va être couronnée ne soutienne, victorieusement peut-être, la comparaison avec les autres dans le concours général pour le prix de trois mille francs. Elle ne peut, en tous cas, manquer de porter au delà des limites de notre province, l'antique renommée de l'université poitevine, et de prouver que les fortes études y ont toujours de fervents et dévoués zélateurs. »

Le volume couronné à Poitiers prit part au concours général de toutes les académies et fut classé dans les trois premiers. Voici en quels termes le rapporteur, M. Jourdain, membre de l'Institut, appréciait l'œuvre de M. Chevalier, dans la réunion des Sociétés savantes à la Sorbonne, au mois d'avril 1870 :

« De longues et fructueuses recherches, attestées par la publication de plusieurs volumes de documents inédits, l'art de rattacher les événements locaux à l'histoire générale, une narration animée, un style agréable et élégant, telles sont les qualités qui nous ont à première vue séduits dans l'*Histoire du château de Chenonceau*. Toutefois, après un examen plus attentif et une discussion approfondie, nous sommes tombés d'accord que les destinées de ce château, quels qu'en aient été les hôtes, n'occupaient qu'une place relativement faible dans l'histoire nationale; que toute l'habileté de l'écrivain, et elle est incontestable, ne réussissait pas à élargir son sujet, et parvenait tout au plus à en dissimuler les limites resserrées. Ces critiques ont conduit votre commission à écarter l'ouvrage de M. l'abbé Chevalier, après l'avoir d'abord réservé pour le grand prix de trois mille francs[1]. » (*Journal officiel de l'Empire français*, 24 avril 1870.)

Vingt ans plus tard, un professeur du collège de France, après avoir passé tout le mois d'août 1889 à étudier Chenonceau dans tous ses détails, traduisait ainsi, dans la *Revue bleue* du 11 janvier suivant, l'impression qu'il avait gardée de son guide :

« Par une heureuse fortune, dit-il, les archives de Chenonceau, que l'on croyait détruites, ont été retrouvées par Mgr Chevalier, qui est un érudit de premier ordre et l'homme qui connaît le mieux l'histoire de la Touraine. Les quatre mille deux

---

[1] Toutes ces citations sont extraites du *Tableau analytique des travaux et publications de Mgr Chevalier*, pp. 40-42.

cent cinquante pièces du chartrier de Chenonceau, classées par lui, lui ont fourni les matériaux de cette admirable *Histoire de Chenonceau*, qui devrait servir de modèle pour tous les châteaux de la Renaissance. »

Il paraît inutile d'ajouter quoi que ce soit à de pareils témoignages. Le monde savant fut unanime à louer le rare talent d'archéologue et d'historien dont l'auteur avait fait preuve, et à reconnaître que ce livre était marqué pour prendre place parmi les œuvres classiques et définitives de l'histoire de Touraine[1].

[1] En 1879, M. Chevalier fit paraître une *Histoire abrégée de Chenonceau*, réduction du gros volume de 1868, imprimée aussi par la maison Perrin, de Lyon. La princesse de Sayn-Wittgenstein, à qui il avait offert cet ouvrage, l'en remercia par la lettre suivante que j'ai retrouvée dans ses papiers : « J'ai lu d'un trait *Chenonceau*. C'est charmant, Monseigneur. On ne saurait faire une monographie d'un lieu célèbre d'une manière plus charmante et plus instructive à la fois. Il y a de l'archéologue, de l'historien, du philosophe, même du poète dans votre style, à la fois plein, sobre et élégant. J'ai dévoré votre volume comme un roman. Je tiens votre plume en bien haute estime. Quel modèle parfait pour ce genre d'ouvrages ! Votre chapitre V, et surtout les pages 104-105 sont un vrai chef-d'œuvre de critique d'art. Veuillez me croire etc.

« Princesse CAROLYNE WITTGENSTEIN. »

# IX



Le succès de l'*Histoire de Chenonceau* ouvrit à l'auteur bien d'autres chartriers, et il put explorer à loisir les titres des châteaux de Bléré, de La Croix, d'Azay-le-Rideau, de Champigny-sur-Veude, du Rivau, à Lémeré, du Couldray-Montpensier, de la Brèche, à Parçay-sur-Vienne, des Minières, à Restigné, de Montrésor, du Châtellier et de Razay, à Céré, de la Carte, à Ballan, de Baudry, à Cerelles, de Chanteloup, de Reignac, de Mosny, à Saint-Martin-le-Beau, de la Pilette, à Chisseau, de la Motte-Sonzay, de la Grillonnière, à Civray-sur-Cher, etc., et les archives des paroisses de Souvigné, de Rouziers, de Dierres, de la Ville-aux-Dames, d'Azay-sur-Indre, etc.

Ces recherches laborieuses furent quelquefois stériles, mais le plus souvent elles révélèrent des noms d'artistes et d'architectes ignorés, et donnèrent la date de plusieurs monuments civils ou religieux. Il a ainsi retrouvé la date précise des châteaux d'Azay-le-Rideau, de Champigny, de Montrésor, de la Carte, de Montpensier (Vienne), et d'une portion de l'église d'Azay, les noms des maîtres maçons qui ont bâti ces nobles édifices, ceux des derniers peintres-verriers de la Sainte-Chapelle de Champigny, et, dans un autre genre, les devis et les dessins originaux de l'ingénieur liégeois Sualem-Rennequin, le constructeur de la fameuse machine de Marly, qui établit au château de la Carte un appareil élévateur des eaux. C'étaient là autant de contributions heureuses à l'histoire artistique de la Touraine.

Tout en dépouillant les archives des paroisses et des châteaux, l'abbé Chevalier, qui avait parcouru le diocèse dans tous les sens, qui en connaissait à merveille l'histoire et les légendes, qui en avait vu de ses yeux tous les monuments et les paysages, écrivait d'un seul jet, en trois mois, à la demande de M. Mame, ses *Promenades pittoresques en Touraine*, que l'on rencontre aujourd'hui partout sur les tables des salons. Ce magnifique volume, orné de cent quatre-vingts gravures sur bois, d'après

Karl Girardet et Français, a contribué plus que tout autre à faire connaître notre belle province et à justifier sa brillante renommée.

Vers la même date, trois autres ouvrages du même genre sont sortis des presses de M. Mame : la *Géologie contemporaine*, étude des phénomènes que M. Chevalier avait pu observer à l'embouchure des grands fleuves, sur les lacs, sur les montagnes aux neiges éternelles et près des volcans; *un Tour en Suisse*, publié d'abord en deux volumes in-12 sous le pseudonyme de Jacques Duverney, où sont décrites avec beaucoup de charme les beautés de ce curieux pays[1]; et *Naples, le Vésuve et Pompéi*, croquis de voyages rassemblés en un volume in-8°, et remaniés plus tard sous ce titre : *Herculanum et Pompéi, scènes de la civilisation romaine*.

L'histoire de Naples, le Musée, le Vésuve, Herculanum et Pompéi, l'étude des mœurs antiques des Pompéiens, la région infernale de Pouzzoles, etc, forment la matière de ce volume. Ce travail a été l'objet d'une appréciation flatteuse de la part de M. Ambroise Tardieu, qui a publié plusieurs grands ouvrages d'archéologie et d'histoire sur la basse Auvergne. Chargé, aux mois de février et de mars 1881, des fonctions de secré-

---

[1] M. Mame a donné de cet ouvrage une édition abrégée sous un autre titre : *La Suisse pittoresque*, par Paul Fribourg.

taire d'une importante mission scientifique à Utique, près de Carthage, en Tunisie, sous la direction du comte d'Hérisson et du baron de Billing, pionniers d'une société de recherches archéologiques, M. Tardieu écrivait à l'abbé Chevalier, le 1er septembre 1881 :

« En me rendant à mon poste en Tunisie, j'ai visité en détail Naples, le Vésuve, Pompéi, Herculanum, les îles de Capri, d'Ischia, etc. J'ai voulu me procurer les divers ouvrages concernant Naples. J'ai fait venir de la librairie Mame votre charmant volume intitulé : *Naples, le Vésuve, Pompéi*. Je désire que vous permettiez à un voyageur qui revient de Naples, à votre serviteur, de vous dire combien ce volume m'a paru précieux à divers titres. Je l'ai trouvé écrit d'un style trop rare : clair, concis. Votre volume sur Naples est une œuvre de grande érudition ; c'est le tableau parfait d'une cité incomparable. J'ai lu, relu, cet excellent volume. Je ne crois pas qu'il soit possible de mieux dire et de si bien résumer dans un format in-8°. On pourra publier sur Naples de grands ouvrages in-4°, in-folio même ; mais du format que vous avez choisi, jamais mieux[1]. »

Ces félicitations d'un lecteur inconnu furent très sensibles à l'auteur, qui n'attachait qu'une médiocre

---

[1] *Tableau analytique*, pp. 48, 49.

importance à ses récits de voyage. Il les composait comme en se jouant, avec une facilité prodigieuse, d'un seul jet, presque sans ratures. Je me souviens que lorsque l'idée de ce livre lui fut proposée par M. Mame, il demanda trois mois pour l'écrire, et, trois mois après, jour pour jour, il déposait son manuscrit aux mains du célèbre imprimeur.

On avait remarqué dans le *Tour en Suisse* maintes pages, comme la description du Righi, que l'on ne se lasse pas de relire ; on pourrait signaler dans *Naples, le Vésuve et Pompéi*, des chapitres entiers qui sont des chefs-d'œuvre. Qu'on lise le récit de son ascension du Vésuve, avec la lettre à son ami, l'abbé Quincarlet, dans la seconde édition, et l'on reconnaîtra que les éloges de M. Tardieu ne sont point excessifs. C'est l'avis de M. A. Canron, dans la *Gazette de France* du 10 juillet 1883 :

« Pour ceux qui désormais feront le voyage de Naples, disait le critique, l'éminent écrivain sera le guide le plus sérieux, le plus fidèle, le plus intelligent qu'on puisse trouver... C'est au milieu de ces pierres en partie calcinées, au milieu de ces monuments renversés, au milieu de ces bronzes, de ces poteries, de ces peintures, de ces bijoux épars, qu'il reconstitue pièce par pièce (c'est le mot) toute la civilisation romaine, commerce, gabelles, funé-

railles, hospitalité, instruction publique, administration de la justice, ameublement, culte, toilette,
superstitions, etc., rien ne lui échappe des mœurs
et coutumes de cette époque reculée... De toutes
ces observations, de toutes ces descriptions que
relèvent des gravures de la plus fine exécution et
de la plus scrupuleuse fidélité, il résulte un livre
qui est un véritable monument de savoir et d'érudition. Pour mon compte j'ai lu bien des ouvrages
de ce genre ; mais, je dois l'avouer, je n'en ai guère
lu encore qui unisse comme celui-là l'utile à
l'agréable, dont la forme réponde mieux au fond,
et qui ait sa place et sa bonne place aussi bien
dans la bibliothèque ou sur la table du savant
que dans la gibecière ou entre les mains du touriste. »

A la même date (1869), M. Chevalier publiait un
volume d'une portée plus grave, plus scientifique.
Il s'agit de ses *Recherches historiques et archéologiques sur les églises romanes en Touraine*, du vi<sup>e</sup>
au xi<sup>e</sup> siècle, ouvrage in-4º, enrichi de cinquante-
quatre planches photo-lithographiques, par M. de
Lafollye. On peut dire de ce volume, — on le disait,
du moins, au moment de sa publication, — que
c'est un chapitre entièrement neuf de l'histoire de
l'architecture en France. M. de Caumont, il est
vrai, avait bien signalé quelques monuments de

l'ère romane primitive, et indiqué quelques-uns des caractères généraux qui les distinguent ; mais il n'avait pu qu'ébaucher cette étude, faute de documents. M. Chevalier reprit la question avec le dessein de la résoudre. La Touraine, en effet, est la seule province de France qui permette d'aborder ce problème avec quelque chance de succès. Grâce à notre vieil historien, saint Grégoire de Tours, nous connaissons quatre-vingt-dix églises bâties en Touraine avant le vii° siècle, et les cartulaires de nos plus anciens établissements monastiques permettent d'ajouter quatre-vingts autres noms à cette liste avant l'an mille. Il est impossible que tant de monuments aient péri en entier. L'abbé Chevalier les rechercha tous, les examina et les compara avec sagacité ; en les jugeant d'après les détails que saint Grégoire nous a transmis sur l'architecture de son temps, il démontra que nous possédons beaucoup plus d'églises romanes primitives qu'on ne le croit communément, et il en assigna les caractères. Il établit en outre, contre l'opinion générale, que la seconde moitié du x° siècle n'a pas été inféconde, au point de vue architectural, par suite des terreurs de l'an mille, puisqu'en Touraine notamment, sans parler des grandes constructions militaires, plus de trente églises ont été bâties aux approches de cette date fatale. C'étaient là, comme on le voit, des idées entièrement neuves

et qui intéressaient au plus haut degré les membres
de la Société archéologique de Touraine.

Pour donner à sa thèse plus d'autorité, l'abbé
Chevalier voulut que M. Bourassé formulât les
conclusions de son mémoire et le prît ainsi sous
son patronage. Une sanction plus haute encore et
plus imposante lui fut accordée la même année, au
congrès de Loches, où, sur la proposition de son
président, M. de Caumont, la Société française
d'archéologie décerna trois médailles collectives en
argent aux auteurs de ce beau volume. L'illustre
archéologue proclama ainsi la valeur scientifique
des recherches entreprises en Touraine sur l'architecture religieuse primitive. Si l'on applique les
principes établis par MM. Bourassé et Chevalier,
« on trouvera nécessairement, comme le disait le
même M. de Caumont au congrès de Saumur,
beaucoup d'églises antérieures à l'an mille, en examinant certaines églises rurales. » La Touraine
aura donné l'impulsion.

L'étude approfondie et continue des ouvrages de
saint Grégoire de Tours avait amené M. Chevalier
à y recueillir une foule d'indications sur les phénomènes météorologiques de son temps. Ces notes,
groupées avec sagacité, lui avaient fourni dès 1859
la matière d'un mémoire sur le climat de la Touraine au vie siècle. Ce n'est qu'un tout petit opus-

cule, mais il a été signalé au comité des sociétés savantes comme un chapitre d'histoire extrêmement curieux et nouveau. Il avait donc droit à une mention, et on m'eût reproché de le passer sous silence.

# X



Cependant le curé de Civray avait à peu près
épuisé le riche filon d'or qu'il avait eu la bonne
fortune de découvrir dans son voisinage. Après
douze ans de séjour sur les bords du Cher, au mois
de juin 1869, on apprit tout à coup qu'il avait
donné sa démission. Ce fut un véritable deuil pour
cette population qui était fière de son curé. Le
conseil municipal, interprète du sentiment public,
se réunit d'urgence le 11 juin, consigna ses regrets
dans une délibération spéciale, dont il transmit
copie à l'abbé Chevalier, et se mit en devoir de
faire toutes les démarches utiles pour empêcher la
consommation de ce qu'il regardait comme un
grand malheur. Le maire écrivait à l'archevêque :

« Monseigneur, la nouvelle inattendue de la

retraite de M. Chevalier a mis en émoi la population entière de cette commune, et son départ, s'il doit avoir lieu, va exciter un murmure de mécontentement indescriptible. S'il ne s'agissait pour l'empêcher que d'une démarche auprès de vous, Monseigneur, la commune de Civray vous donnerait l'exemple d'une manifestation qui vous prouverait combien elle est attachée à son pasteur. La douceur de son caractère, son affabilité, son désintéressement, et ses savantes prédications, en faisant disparaître d'anciennes divisions, lui ont acquis une estime et une affection qu'aucun de ses prédécesseurs n'avait pu conquérir.

« J'ignore complètement les motifs qui l'ont déterminé à vous offrir sa démission; mais ce que je puis vous assurer, c'est qu'il est profondément regrettable qu'elle ait été donnée, et aussi qu'elle ait été acceptée. Si Votre Grandeur daignait revenir sur cette décision et engager M. Chevalier à rester à son poste, elle nous rendrait un bien grand service. »

Les membres du conseil municipal ajoutaient leur supplique à celle du maire, et faisaient entendre les mêmes doléances : « M. Chevalier, disaient-ils, s'est acquis par son magnifique talent, l'aménité de son caractère, sa douceur égale pour tous, et surtout par ses sublimes prédications, un respect, une estime et une affection qui resteront longtemps gravés dans le cœur de ses paroissiens. C'est à son concours dévoué et désintéressé que la commune doit la restauration presque complète de l'intérieur de son église. Les habitants de Civray, reconnaissants de tant de bienfaits, tiennent à vous prouver, Monseigneur, combien ils sont touchés de la perte qu'ils font par l'éloignement de leur regretté et vénéré pasteur. »

L'abbé Chevalier n'avait pas pris cette résolution sans de graves motifs ; il crut devoir y persister. Si je racontais sa vie, au lieu d'écrire une simple notice où je me propose à peu près uniquement d'indiquer le caractère, la nouveauté et l'originalité de ses œuvres littéraires et scientifiques, je n'aurais pas de peine à justifier son attitude, et ses amis me sauraient gré de leur révéler beaucoup de choses qu'il a eu le courage de taire, aimant mieux souffrir que de compromettre quelqu'un ou de paraître oublier les devoirs de la reconnaissance.

Ce n'est un secret pour personne qu'il ne fut pas apprécié à sa valeur par l'éminent prélat qui gouvernait alors l'Église de Tours. Mgr Guibert avait été prévenu contre lui dès son entrée dans le diocèse, et il ne lui arriva que rarement de donner au curé de Civray des marques de bienveillance.

Il est de mode aujourd'hui de critiquer nos administrations diocésaines et de gémir sur le sort de ces « petits vicaires » et de ces « pauvres curés de campagne » que l'on nous représente humiliés, tremblants comme des esclaves sous l'autorité despotique de l'évêque. Des journaux soi-disant catholiques mènent une campagne ardente en faveur du « bas clergé », comme ils disent, l'encourageant à secouer le joug et à prendre vis-à-vis de l'évêque une attitude plus indépendante. Soit ignorance, soit calcul, ceux qui donnent ce scandale font une œuvre détestable, favorisent le schisme et s'attirent, grâce à Dieu, le mépris indigné de tous les vrais prêtres. Nous sommes mieux placés que personne pour savoir ce que valent nos chefs, et nous leur rendons cette justice que s'ils pèchent en quelque manière dans leurs rapports avec nous, c'est presque toujours par excès d'indulgence et de bonté. Il n'y a pas d'administration plus paternelle que la nôtre, parce qu'il n'y en a pas qui s'inspire davantage de la charité de Jésus-Christ. S'ensuit-il qu'un évêque, le meilleur, le plus sage et le plus saint des évêques, soit à l'abri de toute erreur et ne puisse être trompé? Non, évidemment, et tout le monde convient que Mgr Guibert s'est trompé quelquefois : il a donné sa confiance à deux ou trois prêtres qui n'en étaient pas dignes, il l'a refusée à d'autres qui la méritaient et qui l'eussent obtenue sans l'intervention de certaines influences.

L'abbé Chevalier fut desservi persévéramment par un homme de valeur qu'il avait contrarié dans l'un de ses plans, et qui, sans peut-être s'en rendre compte, obéissait aux misérables suggestions de la jalousie. Plus tard, vers la fin de son séjour à Civray, il eut la douleur d'apprendre qu'on n'avait pas reculé devant la calomnie pour le perdre. La calomnie était ridicule, tellement invraisemblable qu'elle a fait sourire de pitié l'éminent archevêque qui nous l'a racontée ; mais elle était facilement accueillie par ceux dont elle favorisait la malveillance. Je me contente de dire ici que le coupable fut terriblement châtié, et que la Providence se chargea de lui infliger la dure peine du talion. Enfin, pour tout dire, la politique était entrée à Chenonceau ; M. Wilson venait d'être élu député après une campagne très ardente, où le nom de l'abbé Chevalier avait été compromis, et à partir de ce moment tous ses pas, toutes ses démarches, toutes ses actions furent l'objet d'un véritable espionnage. Les espions étaient parfois candides et se faisaient un devoir d'avertir le principal intéressé de la mission pénible qu'ils remplissaient auprès de lui ; mais devant ces petits moyens mis en œuvre par un excellent homme, plus naïf que méchant, le curé de Civray bondissait d'indignation, et je veux reconnaître ici loyalement que ces vexations prolongées ont influé sur son caractère, l'ont aigri durant plusieurs années, et l'ont amené à se plaindre avec trop d'amertume de l'injustice des hommes. On lui a prêté des idées qui n'étaient pas les siennes, des actes qu'il répudiait, des compromissions dont il était incapable, — j'en parle sciemment, après avoir lu toute sa correspondance de Chenonceau, depuis l'origine, — et on l'a ainsi blessé au vif dans cette partie intime de l'âme où se réfugie le sentiment de l'honneur. Il en a souffert toute sa vie, sans consentir à se défendre. Je l'ai, pour ma part, souvent regretté, et je le regrette toujours. Soutenu par la sympathie de ses confrères, dirigé par son archevêque, libre de se jeter dans la mêlée où se débattaient les intérêts de l'Église, il eût certainement pris rang parmi les grands apologistes et rendu d'immenses services à la cause religieuse. C'était mon rêve d'ami. Le sachant capable d'aborder tous les sujets, tant sa mémoire était riche et son esprit fécond, je lui disais un jour : « Il manque un volume à vos œuvres complètes, une *Défense de l'Église* comme celle de Gorini, ou une nouvelle édition des *Splendeurs de la foi,* écrite de votre main. — Hélas! me répondit-il avec une pointe de tristesse, aurais-je l'*imprimatur?* »

Dans cette disposition d'esprit, il crut que le parti le plus sage était de quitter Chenonceau en donnant sa démission de curé de Civray. Il le fit courageusement, sans bruit, sans éclat, et vint se fixer à Tours, où il était sûr de trouver pour la continuation de ses travaux les ressources littéraires qu'offre toujours un grand centre. Il y trouva mieux encore, des collaborateurs et des amis fidèles, qui ne cessèrent de l'entourer de la plus respectueuse sympathie, et ce fut pour lui un dédommagement et une consolation.

# XI



Il était à peine installé depuis un an quand la guerre éclata. Dès lors il n'eut plus d'autre préoccupation que d'aller aux nouvelles, de suivre des yeux sur la carte les mouvements de nos troupes, de compter les défaites et de chercher, comme tout le monde, à se faire illusion. Il ne fallut rien moins qu'un grand deuil de famille pour détacher ses regards de la frontière et lui faire oublier un instant les douleurs de la patrie.

Le 13 novembre il m'écrivait : « Des menaces de mort viennent de frapper à ma porte, et d'entrer. Ma pauvre sœur est atteinte de la variole. Jusqu'ici il n'y a rien de grave (cela date d'hier soir), mais cette cruelle maladie a fait bien des victimes en Touraine, et nous tremblons. Je peux être atteint moi-même d'un moment à l'autre, et

il faut se préparer. La volonté de Dieu soit faite!
Je n'ai pas le droit de dire comme saint Martin :
*Non recuso laborem*, puisque je ne fais plus rien.
Que Dieu me soit miséricordieux ! » Sa sœur avait
un fils dans la mobile d'Indre-et-Loire ; ayant
appris que ces jeunes gens ne tarderaient pas à
partir pour le théâtre de la guerre, elle s'était ren-
due à Châteaurenault pour le voir, et en avait
rapporté le germe de sa maladie. Le mercredi,
23 novembre, je recevais la lettre suivante que les
enfants et petits-enfants de M^me Duperrai ne liront
pas sans émotion :

« Mon cher ami, ma pauvre sœur n'est plus!
J'avais cependant conservé quelque espoir de la
voir échapper à cette affreuse maladie. Dieu ne l'a
pas permis, et hier soir, à sept heures, il l'a rappelée à lui. Je ne saurais vous dire combien je suis
accablé, et de mon chagrin et de celui de ma
pauvre vieille mère. Plaignez-nous, et surtout
priez pour nous !

« Ma sœur a vainement cherché ses enfants
autour de son lit d'agonie. Sa fille, retenue à
Angers par les devoirs de la maternité, n'a pu
venir ici. Son fils a dû arriver cette nuit à Tours
avec sa compagnie. Il ne sait rien sans doute,
et il va venir le cœur joyeux pour embrasser sa
mère. Quel cruel retour !

« Vous ne sauriez croire combien je perds en

perdant ma sœur. De l'intelligence, du cœur, un grand bon sens, du caractère, faisaient le fond de sa nature. Elle a été cruellement éprouvée… Pauvre femme! elle commençait à entrevoir des jours plus calmes, quelques-uns de ses soucis s'étaient dissipés; elle allait trouver dans la vie un charme moins âpre que celui du sacrifice, quand Dieu l'a rappelée à lui. Dieu sans doute lui tiendra compte de tant d'épreuves vaillamment supportées. Mais que cela est amer pour nous! Moi je perds la compagne de ma vie, la joie de mon foyer, tout mon intérieur désormais triste et silencieux, car je ne puis compter que pour des jours de grâce les jours que Dieu veut bien prolonger à ma chère vieille mère. Les autres prêtres ont une paroisse, qui devient leur famille, moi je n'ai bientôt plus rien… »

Il avait encore sa plume, heureusement. Avec cette indomptable énergie qui ne lui a jamais fait défaut, et, tout en entourant sa vénérable mère de ses plus filiales attentions, il reprit sa tâche laborieuse, composa en quelques semaines le *Guide pittoresque du voyageur en Touraine*, continua de suivre avec un intérêt passionné la marche des événements, et donna des instructions à ses amis pour l'aider à réunir les matériaux d'un ouvrage sur l'invasion. « Quel peuple! et quelle guerre!

écrivait-il (3 janvier 1871). Et l'on parle avec cela d'humanité et de civilisation! Oui, la civilisation des Huns et l'humanité des Vandales. » Et il ajoutait : « Recueillez avec le plus grand soin tous les détails de l'invasion et des souffrances qui en ont été la suite chez vous. Tout cela trouvera sa place prochainement dans un livre que je prépare. Le conseil municipal de Tours vient de me charger, en effet, d'écrire l'histoire de *Tours capitale* et des efforts qui sont partis d'ici pour la défense nationale, afin de conserver le souvenir de ces faits si intéressants pour la Touraine[1]. »

[1] L'administration civile recourait volontiers à ses lumières et à son zèle. Jamais l'abbé Chevalier ne lui a refusé son concours, persuadé que l'harmonie entre les deux pouvoirs est désirable et que les ecclésiastiques et les laïques gagnent à se rapprocher et à se mieux connaître. Nous avons déjà vu les ingénieurs des ponts et chaussées l'envoyer sur le terrain disloqué de Barrou, et le conseil général d'Indre-et-Loire lui confier le soin de dresser la carte géologique du département. La commission administrative de l'Hospice général le consulta sur le forage d'un nouveau puits artésien et le chargea de discuter avec le sondeur les conditions de l'entreprise. Pour des raisons semblables il fit partie de la commission de surveillance de la magnanerie expérimentale de Chenonceau; il fut membre des concours régionaux agricoles de Tours en 1864 et en 1873; il fut aussi l'un des organisateurs pour le département d'Indre-et-Loire des expositions universelles de Paris en 1867 et en 1878; enfin le préfet le désigna, en 1875, pour être membre du conseil départemental des bâtiments civils, chargé de soumettre à un examen sérieux et éclairé les projets des travaux communaux. Il ne refusait aucune charge, même dans les genres les plus étrangers à ses études ordinaires, à la condition toutefois de se mettre au niveau de sa tâche. C'est

Personne, il faut en convenir, n'était mieux préparé que lui à cette douloureuse et délicate mission. Les circonstances l'avaient favorisé en le mettant en relation avec une foule d'hommes politiques qui avaient suivi jusqu'à Tours la délégation gouvernementale. Il était au courant de tout. « Je pénètre de temps en temps, m'écrivait-il, dans l'*antre de la réaction*, où M. Thiers vient causer tous les jours, et j'y rencontre un certain nombre de députés, Guyot-Montpairoux, Grévy, Cochery, Lefèvre-Pontalis, et même cet affreux Glais-Bizoin, à qui j'ai eu... l'*honneur* d'être présenté. J'y apprends des choses fort curieuses. » Plus tard, il en apprit d'autres non moins intéressantes de la bouche de Mgr Guibert : « Je suis allé voir Monseigneur, écrivait-il le 17 janvier 1871, pour lui demander des renseignements sur ses relations avec le gouvernement. Il a été enchanté de ma démarche, a beaucoup causé, avec bonne humeur, et m'a donné les détails que je sollicitais. J'irai lui soumettre la rédaction de ce qui le concerne personnellement. » Il tenta de semblables démarches, avec le même succès, auprès de tous ceux qui

ainsi qu'il fut invité à rédiger le rapport du concours régional de 1867. M. Boitel, inspecteur général d'agriculture, fut tellement satisfait de ce travail qu'il le proposa dans la suite comme modèle à tous les rapporteurs des concours dont il était commissaire général.

étaient en mesure de lui fournir des renseignements authentiques, et, après une longue enquête,
qui dura jusqu'au mois de mai, il classa ses notes,
dressa son plan et se mit à la rédaction de l'ouvrage.
Il y travaillait encore le 16 juin, non sans quelque
fatigue : « Je pars demain pour Angers, écrivait-il
à cette date. J'y vais d'abord pour les réunions de
la Société française d'archéologie qui ont lieu lundi
et mardi, et se prolongeront peut-être mercredi.
J'y vais aussi pour me reposer un peu de mon
accablant travail de *Tours capitale*, où je passe
de douze à quatorze heures par jour. J'avance, et
mon volume, dont je n'ai pas compté les pages,
sera assez étoffé et, je crois, vraiment curieux.

« Je viens de recevoir, ajoutait-il, une petite
collection de pièces originales sur la panique du
général Sol le 13 décembre, dépêches télégraphiques, lettres de Gambetta, ordres de l'état-
major, rapports officiels sur les événements. Ce
pauvre Sol, honni de tout le monde, a été plus
malheureux que coupable. Je le réhabiliterai un
peu.

« On doit me communiquer aussi le registre de
l'état-major pendant le mois de décembre. J'y
puiserai très largement pour expliquer les mouvements si étranges de troupes qui ont eu lieu en
Touraine, trois personnes donnant des ordres à la
fois... »

4*

De ces documents officiels et d'une foule d'autres, qu'il eut la patience et l'habileté de recueillir, il tira un livre d'un intérêt palpitant, intitulé : *Tours capitale, la Délégation gouvernementale de Tours et l'occupation prussienne en Touraine, 1870-1871*[1]. Malheureusement, cet ouvrage, qui est la propriété

[1] Ce volume a été composé sur pièces authentiques et rédigé sous la dictée même des événements. Pour l'écrire, l'auteur avait recueilli une foule de documents précieux, au nombre de cent soixante-dix, qu'il a déposés au château de Chenonceau, afin d'en assurer la conservation. Ces documents comprennent :

Tous les ordres de l'état-major de la place, du 8 au 14 décembre 1870, époque de la grande panique de Tours ;

Les dépêches télégraphiques échangées sur le même sujet ;

Les rapports de tous les officiers chargés de la défense du département, depuis Montrichard jusqu'à Montlouis ;

Un grand nombre de chroniques locales manuscrites, relatant minutieusement tous les faits qui se sont produits pendant l'occupation allemande à Auzouer, Villedômer, Châteaurenault, Montreuil, Autrèche, Damemarie, Morand, Vernou, Amboise, Lussault, Bléré, Azay-le-Rideau ;

Les récits autographes de la captivité des otages de Limeray, Vernou, Rouziers ;

Plusieurs comptes rendus de la bataille de Monnaie ;

Le récit autographe de la démarche tentée près du prince impérial de Prusse par M. Torterue, au sujet de la contribution imposée au département ;

Toutes les lettres de Mgr Guibert, archevêque de Tours, dont deux très belles, au roi de Prusse ;

Le journal de M. Flandrin, faisant fonctions de préfet à Tours ;

Enfin plusieurs livrets imprimés, dérobés aux Prussiens, et dans lesquels se trouvent des phrases toutes préparées, adaptées aux diverses circonstances de la guerre, etc., etc. (*Tableau ana-*

de M. Eugène Gouïn, sénateur, ancien maire de la
ville, est encore inédit.

*lytique*, p. 53.) Les documents manuscrits et imprimés déposés au château de Chenonceau forment les tomes CXXXII,
CXXXIII et CXXXIV du chartrier.

# XII



Au milieu de ces soucis, l'abbé Chevalier reçut
de ses collègues une marque de confiance qui le
toucha au vif. Déjà vice-président de la Société
archéologique depuis trois ans, il en fut élu président au mois d'avril 1871, quelques semaines
après le départ des Prussiens. Il s'occupa dès lors
de communiquer une impulsion plus vive aux
travaux de la compagnie, et les volumes in-8°
continuèrent à se succéder sans interruption chaque
année. De plus, il mit en mouvement quelques-uns
de ses jeunes collaborateurs qui avaient accepté ou
sollicité sa direction. Nous étions cinq ou six, ecclésiastiques et laïques. Le hasard nous avait placés
sur son chemin, et, comme tous ceux qui l'ont vu

de près, nous avions été séduits, non seulement par ses brillantes qualités intellectuelles, mais encore par l'amabilité de son commerce et la sûreté de ses relations. Pour ma part, ce qui m'attirait le plus, je l'avoue, c'était sa droiture. Il avait des préjugés que je ne partageais pas, des idées, des sympathies ou des antipathies qui n'étaient pas les miennes; mais il était sincère, il aimait la vérité, il l'aimait passionnément, et quand il l'avait rencontrée, il n'hésitait jamais, dût-il en souffrir, à la reconnaître et à la publier; j'ai eu maintes fois l'occasion de le constater durant la longue et savante querelle qu'il eut à soutenir sur la question des origines de l'Église de Tours.

On me permettra d'entrer dans quelques détails sur cette vieille polémique, qui a si fort intéressé le clergé de Touraine durant trois ou quatre ans, et qui nous a révélé, mieux que tout le reste, les étonnantes ressources de cet esprit si fin, si délié, si preste et si vigoureux.

La *Semaine religieuse* du 15 décembre 1866 avait publié sur le premier évêque de Tours, saint Gatien, un article où on lisait ce qui suit : « Plusieurs de nos lecteurs s'étonneront peut-être de nous entendre dire que saint Gatien fut envoyé à Tours par les apôtres. Nous suivons en cela la tradition de notre Église. » Et plus loin : « Le plus ancien manuscrit que nous ayons pu trouver est un office de saint Gatien de la fin du xiiie siècle, à l'usage de l'église métropolitaine de Tours. D'après cet office, une tradition déjà ancienne et très certaine honorait saint Gatien comme un des soixante-douze disciples de Jésus-Christ et comme un apôtre envoyé par saint Pierre lui-même. » L'auteur avait deviné juste : cette découverte étonna tout le monde, et surtout ceux qui, comme M. Bourassé, connaissaient à fond la vraie tradition de notre Église. On riait sans ménagement de cette tradition nouvelle qui se perdait dans la nuit... du xive siècle, de cette « opinion suspendue sur le vide, ayant pour base un abîme de douze siècles de silence, » et l'on se disait que décidément les mots n'avaient plus de sens.

M. Bourassé voyait avec peine que, dans notre Église même, on tînt si peu de compte de l'autorité de saint Grégoire, qui, écrivant son *Histoire des Francs*, « la vingt-unième année de son épiscopat, » déclarait que saint Gatien était venu en Touraine la première année de l'empire de Dèce, c'est-à-dire l'an 250. Pour lui cette date était la vraie, et, à moins de violer toutes les règles de la critique historique, il fallait l'accepter. « Il n'est point nécessaire, disait-il, de faire de grands frais d'érudition ni d'entasser les autorités historiques ou traditionnelles; le problème pouvait être résolu avec le sens commun seulement. » Il posait les trois questions suivantes :

« 1° Après vingt ans d'épiscopat, saint Grégoire a-t-il pu ignorer les traditions et les monuments de sa propre Église?

« 2° Se proposant d'écrire l'histoire de son Église, a-t-il pu négliger de consulter les traditions et les archives?

« 3° Connaissant les traditions et les archives de son Église, les a-t-il faussées ou altérées?

« Rien de plus élémentaire, ajoutait-il, répondez. »

Un des modernes bollandistes, qui s'étonnait devant M. l'abbé Janvier que la date de la venue de saint Gatien au III° siècle fût même discutée, disait que cet argument si simple était absolument péremptoire.

Cependant M. l'abbé Bourassé désirait que cette question de nos origines fût traitée avec ampleur devant la Société archéologique et que l'on fît une étude spéciale, à ce point de vue, des différents écrits de saint Grégoire. J'étais alors professeur à l'institution Saint-Louis, j'avais quelques loisirs et le zèle d'un novice, et j'eus la témérité d'accepter les encouragements du docte chanoine qui me pressait d'entreprendre cette œuvre de longue haleine. Je ne le rappelle ici que pour avoir l'occasion de révéler à nos lecteurs d'autrefois la cause qui détermina M. Chevalier à se jeter dans le débat et à défendre avec tant de vigueur l'autorité de saint Grégoire. J'avais étudié avec soin tous les partisans de l'apostolicité de nos Églises, copié de ma main, à la bibliothèque municipale, toutes nos légendes liturgiques, interrogé les vieux martyrologes, consulté les bollandistes et les bénédictins, relevé tous les griefs de l'école légendaire contre le père de notre histoire, et je m'étais affermi de plus en plus dans la pensée que notre vénéré maître, M. Bourassé, avait cent fois raison.

Le 18 juillet 1868, je me présentais à la Société archéologique avec un mémoire de deux ou trois cents pages où se trouvaient condensées toutes les preuves que j'avais recueillies sur la véritable tradition de l'Église de Tours, et je donnais lecture d'une simple préface, destinée à faire connaître mon idée et mon plan, sans entrer au cœur de mon sujet, promettant d'ailleurs d'exposer franchement toutes les objections et de n'en laisser aucune sans réponse. Les membres de la Société firent à ma communication le plus aimable accueil, et il fut convenu que je reprendrais ma lecture à la première séance, qui ne devait avoir lieu que le 25 novembre suivant. Mais, quelques jours avant cette date, un de nos collègues qui n'assistait pas à la séance, qui n'avait rien lu de mon travail, qui ne savait pas un mot — je l'ai appris de sa bouche — de ce que j'avais pu dire sur la question,

publia une brochure de vingt pages, intitulée :
*Saint Gatien ou les Origines de l'Église de Tours*,
avec la pensée de me réfuter. En même temps que
sa brochure, l'auteur, M. Jéhan (de Saint-Clavien),
faisait circuler une chanson manuscrite dont j'étais
le héros. C'était vraiment me faire trop d'honneur,
et maintenant comme alors, en me rappelant ces
souvenirs, j'ai de la peine à comprendre que mon
adversaire, qui était un vieillard, ait pu se résoudre
à défendre sa cause par de si petits moyens. La brochure était inoffensive. M. Jéhan, dont le principal
talent était de compiler sans parvenir à donner le
moindre attrait à ses nombreux ouvrages, se contentait de piller les adversaires de saint Grégoire, et
de reproduire leurs accusations les plus injustes et
les plus maladroites. Il le faisait du reste avec con-
venance et sans aucune amertume. La chanson, au
contraire, était désobligeante et donnait la pleine
mesure de l'admiration de M. Jéhan pour son œuvre.
Lui seul au monde, évidemment, pouvait penser tant
de bien d'un opuscule que personne n'avait encore
lu, et moi, dans cette chanson, j'étais condamné à
traduire en méchants vers et à célébrer sur un air
connu les mérites transcendants de cette brochure
monumentale. On me représentait, je m'en souviens, dans l'attitude d'un homme au désespoir,
couvert de confusion, forcé par l'évidence de
rendre hommage à la légende du xiv<sup>e</sup> siècle et de

proclamer que saint Gatien était un des soixante-douze disciples; et M. Bourassé, plus calme, plus résigné, cherchait à me consoler en me disant des niaiseries, se frappait la poitrine, déplorait son erreur, et m'encourageait à confesser avec lui, en manière de conclusion, que M. Jéhan était un grand homme et saint Gatien un des bergers de la crèche. Le même accent triomphal et les mêmes plaisanteries se retrouvaient dans une lettre anonyme adressée au *Journal d'Indre-et-Loire*, et signée : *Un prêtre*. Ce prêtre, c'était... M. Jéhan. Sa lettre nous fut communiquée par M. Ladevèze, qui refusa de l'insérer, et nous pûmes constater qu'elle était écrite tout entière, comme la chanson, de la main *laïque* de M. Jéhan.

L'abbé Chevalier, de passage à Tours vers la mi-décembre, et mis au courant de ces procédés de polémique, en fut indigné. On avait touché à son maître! On ne s'était pas borné à combattre une opinion, on avait voulu ridiculiser le meilleur des hommes, le savant le plus modeste et le plus pacifique, un prêtre si bon, si doux, si charitable, que tout le monde vénérait en Touraine! On avait chansonné M. Bourassé! C'était à ses yeux un crime, et, séance tenante, il résolut de châtier le coupable. Deux jours après, le 18 décembre, la brochure était faite. Écrite de verve, pleine de critique et de bon sens, d'arguments irréfutables et de fines malices, elle éclata comme une bombe dans le ciel serein de M. Jéhan. Sous ce titre : *Défense de saint Grégoire de Tours au sujet des origines de sa propre Église*, le Chevalier noir (nom de guerre de l'auteur) harcelait son adversaire, le pressait pied à pied, lui arrachait ses armes, démolissait sa thèse en le criblant des traits les plus spirituels, parfois les plus mordants, et démontrait, preuves en main, que la vraie tradition de l'Église de Tours était conforme au témoignage de saint Grégoire, et que, dans la question, l'autorité du père de notre histoire était irrécusable. L'effet immédiat de cette brochure fut d'entraîner le lecteur et de fixer l'opinion. Il parut évident que la cause était gagnée devant la Société archéologique et dans l'immense majorité du clergé diocésain.

« Heureux temps ! » écrivait l'autre jour M. l'abbé Quincarlet. — Oui, mais en retrouvant dans ma mémoire et dans mes lettres ces vieux souvenirs oubliés, je me rends mieux compte de ce que dut souffrir M. Jéhan, et je ne me sens plus le courage de lui reprocher ni la chanson ni les lettres anonymes qui étaient, en réalité, quoique le public l'ignorât, le principal grief du Chevalier noir. Il les a si durement expiées !

Son premier tort avait été d'aborder une question qu'il connaissait peu et d'accepter sans contrôle des textes faussés, ou mal traduits, ou mal interprêtés; le second fut de céder aux conseils de ceux qui l'encouragèrent à revenir à la charge en lui promettant leur concours. C'était une imprudence qui devait lui coûter cher. Il força ainsi l'abbé Chevalier à rentrer dans la lice et à l'accabler coup sur coup, lui et ses auxiliaires, de trois brochures nouvelles, non moins virulentes que la première : *Les Treize cas de M. Jéhan;* une *Lettre sur quelques principes de critique* [1]; et *les Légendes au Concile de Limoges en 1031.* Cette nouvelle escarmouche fut si brillante que les amis de l'auteur, en témoignage de leur admiration, lui offrirent une plume d'or.

L'idée d'une grande étude, aussi complète que possible, sur cette question de nos origines le préoccupait depuis longtemps; il résolut, ce jour-là, d'y donner suite en se plaçant dans une sphère plus calme, sur un terrain plus élevé, en dehors et au-dessus des personnalités que les procédés de ses adversaires avaient rendues presque inévitables. Ayant donc classé les notes innombrables que nous avions recueillies pour les besoins de la polémique,

---

[1] M. Bourassé, dont le nom avait été souvent prononcé dans cette polémique par les adversaires de M. Chevalier, était déjà atteint par la maladie qui devait l'emporter plus tard. Ne pouvant sans fatigue se livrer à un travail soutenu de rédaction, il avait prié M. Chevalier de traiter les questions qui font l'objet de cette brochure. En réalité, la lettre est sortie tout entière de la même plume que les *Treize cas de M. Jéhan.*

il commença la rédaction de son livre au mois de février 1870, fit le voyage de Paris, à la fin d'avril, pour y continuer ses recherches à la bibliothèque impériale, à la Sorbonne, à Sainte-Geneviève et à la Mazarine, et livra le manuscrit à l'impression dans les premiers jours du mois d'août. C'était en pleine guerre ; les ateliers étaient désorganisés, encombrés d'ailleurs par la multitude d'imprimés qu'ils avaient à faire pour les militaires et les mobiles, et naturellement il fallut se résigner à de longs retards. L'ouvrage ne parut qu'au mois de septembre 1871. Il était intitulé : *Les Origines de l'Église de Tours d'après l'histoire*, avec une étude générale sur l'évangélisation des Gaules et de nombreuses pièces justificatives, et formait le tome XXI des *Mémoires de la Société archéologique de Touraine* (xii-634 pages).

L'auteur, dans sa préface, expliquait lui-même le but et le plan de son livre : « Dans une première partie, disait-il, nous nous sommes attaché à établir solidement l'autorité de Grégoire de Tours, et à venger notre historien des critiques téméraires qu'on a fait peser sur lui. En jugeant saint Grégoire par lui-même et par ses sources, nous avons eu presque toujours à constater l'inconsistance, la légèreté, l'ignorance et même la mauvaise foi de ces attaques passionnées. Cette étude critique, beaucoup plus complète que toutes celles qu'on a essayées jusqu'à

ce jour, ne laissera subsister, du moins nous l'espérons, aucun doute dans l'esprit du lecteur.

« Nous recherchons ensuite tous les témoignages
de la tradition locale, et, jusqu'au XIVe siècle, nous
les trouvons constamment conformes à saint Grégoire de Tours, sans aucune déviation, dans de
nombreux monuments d'une haute valeur. Si cette
tradition historique s'éclipse un instant, sans cependant disparaître tout à fait, elle s'affirme de nouveau après le règne passager de la légende pour se
perpétuer jusqu'à nos jours.

« La troisième partie est consacrée à l'examen
détaillé de notre légende liturgique et des circonstances littéraires et morales au milieu desquelles
elle est née, tardivement du reste, puisque son
apparition ne date que des premières années du
XIVe siècle. Un caractère si moderne ne nous permet
point d'y voir l'écho de la tradition. L'étude intrin-
sèque de la légende nous amène en outre à y constater l'intervention d'une imagination déréglée,
qui ne tient aucun compte même des faits évangé-
liques les plus clairement affirmés, ce qui enlève à
cette production toute valeur historique.

« Notre travail se complète par une étude générale, en forme d'introduction, sur l'évangélisation
des Gaules, et par de nombreuses pièces justificatives qui reproduisent toute l'antique liturgie de
saint Gatien.

« Nous croyons avoir donné à notre thèse, par l'appui d'une multitude de documents de premier ordre, toute la force d'une démonstration irréfutable. Les esprits sincères qui voudront nous lire sans prévention et peser nos preuves dans la balance d'une critique impartiale et sévère, ne tarderont pas à être de notre avis, et reconnaîtront avec nous que Grégoire de Tours a été, en ce qui concerne les origines de sa propre Église, l'organe le plus fidèle et le plus autorisé de la tradition locale. »

La confiance de l'auteur ne fut pas trompée. Dès le 18 octobre 1871, M. Paulin Pâris, membre de l'Institut, qui avait lu et annoté les épreuves de son livre, lui adressait de chaudes félicitations : « Votre important travail, disait-il, fera toujours honneur à votre érudition et à votre esprit judicieux et véritablement critique. »

L'Académie des inscriptions et belles-lettres lui décernait plus tard, en 1872, la seconde médaille d'or au concours des antiquités nationales, et le rapporteur, M. de Longpérier, lui écrivait, à cette occasion, la lettre suivante :

« Lorsqu'on parle au nom d'une commission, on n'est pas toujours libre d'exprimer son sentiment personnel avec toute sa vivacité. Celui que m'avait inspiré la lecture de votre savant et excellent livre apparaît un peu froidement dans le rapport. Je suis donc heureux de trouver une occasion de vous dire, à titre de supplément et d'acquit de conscience, que j'avais ressenti en lisant votre livre, non pas seulement une grande sympathie pour son auteur, mais une joie véritable; car j'y voyais la preuve que notre malheureux pays, en proie au matérialisme, au darwinisme, aux rêveries préhistoriques et légendaires, possède encore des hommes de la grande école critique.

« Vous serez, monsieur l'abbé, un des défenseurs de notre esprit français devant la postérité. »

L'année suivante (1873), au nom du comité des Sociétés savantes de France, M. Hippeau, secrétaire de la section d'histoire et de philologie au concours de la Sorbonne, signalait l'ouvrage comme « un de ceux qui avaient le plus particulièrement attiré l'attention du comité, et établi le plus solidement les titres de la société archéologique de Touraine à une mention exceptionnelle[1]. »

[1] Quand la Société archéologique célébra son cinquantenaire, le 25 juin 1890, le président, M. Delaville-Leroux, indiquant dans une brève esquisse l'ensemble des travaux qui forment le patrimoine scientifique de la compagnie, disait à ce sujet : « Deux volumes, dus à l'abbé Chevalier et à M. Jéhan (de Saint-Clavien), sont consacrés au problème des origines de l'Église de Tours et de l'apostolicité des Églises des Gaules, question brûlante qui, dépassant les limites de notre Compagnie, passionna l'érudition française, et souleva un débat général dans lequel l'Institut donna, non sans gloire pour notre Société, la victoire à la thèse que défendait M. l'abbé Chevalier, champion de l'histoire contre la légende. »

L'évêque de Saint-Brieuc, Mgr David, écrivait à la date du 17 février 1872 : « J'ai déjà lu une partie de votre volume, qui est certainement une œuvre de science et de bonne foi, reproduisant avec talent les conclusions de cent cinquante ans de travaux entrepris par les plus illustres écoles catholiques du monde. Rien d'étrange et de funeste comme la tendance à laisser les monuments authentiques, les sources, pour s'adresser à des traditions populaires vagues, contradictoires, dont l'origine est soustraite à tout examen. C'est là une preuve douloureuse de notre décadence intellectuelle. Ceux qui luttent contre cette tendance rendent un service signalé à l'Église, surtout quand ils le font avec la modération parfaite que j'ai trouvée jusqu'à présent dans votre volume. »

Mêmes encouragements, mêmes félicitations lui venaient de toutes parts, de l'abbé André, docteur en droit canon, de l'abbé Bernard, vice-doyen de Sainte-Geneviève, de M. G. Monod, son concurrent

Quant au champion de la légende, il était l'objet des condoléances de la *Revue critique d'histoire et de littérature* (1872) :

« Il faut, disait le rédacteur, que la Société archéologique soit bien malintentionnée envers M. Jéhan pour avoir eu la cruauté d'imprimer son travail dans le même volume que l'œuvre si consciencieuse de M. l'abbé Chevalier. »

De fait, la compagnie, désireuse de ne pas blesser M. Jéhan, n'avait fait que condescendre à l'un de ses vœux, en imprimant son Mémoire à la suite des *Origines.*

moins heureux au concours des antiquités nationales, du comte de Galembert, et d'une foule de
savants, connus ou inconnus, qui louaient son talent,
sa sincérité, son impartialité, son érudition et la
grande vigueur de sa dialectique. Les bollandistes,
en 1879, cherchaient à se procurer le volume,
devenu très rare et presque introuvable : « Le
P. Van Hooff, écrivaient-ils, est dans la nécessité de
toucher à la question de l'apostolicité des Églises
de France, et peut-on en parler sans avoir étudié
votre mémoire ? »

Le clergé de Touraine me saura gré de lui faire
connaître ce jugement d'un de nos maîtres les plus
vénérés, M. l'abbé Janvier, doyen du chapitre :
« Je ne me sens pas ébranlé, disait-il (janvier 1872),
sur l'aréopagite de Paris ni sur la Madeleine de
Provence, car votre livre ne traite ces points qu'in-
cidemment et avec des développements insuffisants;
mais pour saint Gatien, vous êtes irréfutable, et je
ne comprends pas qu'on puisse sérieusement soutenir l'opinion contraire. Votre livre est un véritable monument d'érudition, de critique, d'exposition et de style. Je vous le répète, car cette formule
traduit complètement ma pensée : Votre livre est
un *monument*. Soyez sûr qu'il restera. »

En même temps que les *Origines de l'Église de
Tours*, la Société archéologique de Touraine avait

présenté au concours des Sociétés savantes à la
Sorbonne deux autres ouvrages de M. l'abbé Chevalier : le *Cartulaire de l'abbaye de Noyers* et
l'*Histoire* de la même abbaye au xi* et au xii* siècle
d'après les chartes, formant les tomes XXII et XXIII
de ses Mémoires. Ces deux volumes attirèrent tout
de suite l'attention du monde savant et en particulier celle de M. Léopold Delisle, membre de
l'Institut, qui s'empressa d'en féliciter l'auteur. Le
rapporteur du concours, M. Hippeau, les loua sans
réserve :

« Quand on a parcouru la longue liste des
cartulaires français..., dit-il dans son rapport, on
comprend combien de semblables publications sont
utiles pour l'histoire, la topographie, la connaissance des mœurs. On le comprend encore mieux
en voyant le parti que M. l'abbé Chevalier a tiré
de son cartulaire de Noyers pour l'histoire de cette
abbaye elle-même... Il a fait ressortir les titres de
ces communautés religieuses à notre respect et à
notre reconnaissance. « Les peuples oublieux ne
« les apprennent plus, dit l'auteur en terminant,
« mais l'historien doit les proclamer bien haut. Si
« le passé ne peut plus revenir, sachons au moins
« le connaître et le respecter. »

Après ce lumineux rapport qui mit en relief les
divers mérites de ces grandes publications, la Société
archéologique de Touraine, proclamée une des

premières de France, reçut un prix de mille francs
et une médaille d'argent[1].

[1] A ce concours des Sociétés savantes, M. Chevalier fut
désigné par le ministre de l'instruction publique pour faire
partie, en qualité d'assesseur, du bureau de la section d'histoire
et de philologie.

# XIII



M. Bourassé n'eut pas la joie d'applaudir à ce
grand succès de son plus cher disciple. Fatigué de
ses longs travaux, condamné depuis trois ans à un
repos presque complet, il s'était affaissé peu à peu
avant l'âge, et il devenait évident qu'un miracle
seul pouvait le sauver. Ce miracle, nous ne cessions
de le demander. Le 9 mars 1872, M. Chevalier
m'écrivait : « Notre pauvre ami est toujours dans
le triste état que vous savez. Je me propose de
commencer une neuvaine le mardi de Pâques pour
la terminer le jour de la fête de la bienheureuse
Jeanne de Maillé. » On devait célébrer à Tours, à
cette date, des fêtes splendides en l'honneur de la
bienheureuse, et il nous semblait que M. Bourassé,

qui avait ressuscité sa mémoire et consacré ses dernières veilles à écrire la vie de cette pieuse femme, avait un droit spécial à sa puissante protection. Le 1ᵉʳ avril, nouvelle lettre : « Nous commençons demain la neuvaine pour notre cher maître. Hélas! il est bien tard! Il s'affaiblit de plus en plus. La pensée de sa fin prochaine le préoccupe... » Enfin, le 4 octobre, M. Bourassé rendait son âme à Dieu.

Ce fut un grand deuil pour ses nombreux amis et pour l'Église de Tours, dont il était la gloire. L'abbé Chevalier, au nom de la Société archéologique, prononça sur sa tombe quelques paroles émues, et se mit à la tête d'une souscription pour élever à sa mémoire un monument simple et modeste, « dont la forme rappelât les travaux et l'influence du maître. » Puis, dans une notice étendue, monument d'un autre genre, il retraça la vie du savant, marqua la part importante qu'il avait prise au mouvement intellectuel en Touraine depuis quarante ans, et dressa le catalogue complet de ses œuvres. Cette notice fut accueillie avec bonheur, non seulement par les amis intimes de M. Bourassé, mais encore par tous ceux qui s'intéressaient à l'histoire littéraire et à la renaissance de l'art religieux dans notre province.

Une brève analyse de cette biographie fut placée en tête de la neuvième édition du plus populaire

des ouvrages de M. Bourassé, l'*Archéologie chrétienne*, publiée par M. Mame. Ce livre, composé
en 1840, avait besoin d'être revisé et complété en
quelques points, la science ayant fait de notables
progrès dans ces trente dernières années. L'abbé
Chevalier fut chargé de cette tâche délicate et s'en
acquitta, comme lui seul pouvait le faire, avec un
grand talent et un soin tout filial (1878). Le disciple était de taille à continuer l'œuvre du maître.

Tout en restant fidèle à son programme d'études
qui le condamnait presque toujours à mener de
front plusieurs travaux à la fois, le président de
la Société archéologique ne négligeait aucun des
devoirs qui lui avaient été imposés par le choix de
ses collègues. C'est ainsi qu'en 1873 il consentit
volontiers à sacrifier quelques heures de ses laborieuses journées pour répondre au désir du conseil
municipal de Tours, qui avait eu l'idée d'organiser
une exposition rétrospective d'objets d'art, à l'occasion du concours régional agricole dont l'ouverture était fixée au mois de mai. La Société archéologique, naturellement désignée pour la conduite
de cette difficile entreprise, disposait de toutes les
salles du premier étage, à l'hôtel de ville. Sans
vouloir accepter la présidence, M. Chevalier prêta
son plus actif concours à M. Ernest Mame ; il ne
contribua pas peu à populariser l'œuvre, tant par

ses conseils que par une série d'articles qui furent alors fort remarqués.

Personne n'a oublié l'éclat exceptionnel de cette exposition, où les meubles sculptés, les tableaux, les bronzes, les faïences, les émaux, les tapisseries, les manuscrits enluminés, en un mot, tous les objets d'art étaient accumulés avec une profusion qui étonna même les organisateurs. Les châteaux, les maisons particulières, les églises, les communautés religieuses avaient libéralement prêté leurs trésors, et l'on vit alors combien notre province, malgré tant de pertes immenses, est encore riche d'œuvres exquises. Le succès fut considérable. On accourut en foule, même de Paris, « pour jouir de cette fête des yeux et de l'esprit, » et, chose rare, ce fut pour la ville une bonne affaire financière.

Il y a toute apparence que c'est notre exposition rétrospective qui détermina le gouvernement à faire reproduire par la photographie les monuments historiques de la France. Le ministre s'adressa dans ce but aux sociétés savantes pour la direction de l'œuvre, et aux conseils généraux pour le payement des dépenses nécessaires. Heureuse de répondre à cette invitation, la Société archéologique, dans sa séance du 25 février 1874, sur la proposition de son président, vota elle-même une subvention pour cet objet, et désigna les monuments historiques dignes de figurer dans ce recueil. Il en est résulté un magnifique album qui a révélé une foule d'œuvres remarquables, ignorées du public.

Pendant les fêtes de l'exposition, M. Chevalier eut à revendiquer, au profit de la Touraine, l'origine de Descartes, que les Poitevins ne cessaient de nous disputer. Fidèle à sa méthode de puiser directement aux sources, il se rendit à La Haye, afin d'examiner par lui-même les registres paroissiaux, et il eut la chance d'y découvrir, non seulement la date de naissance et l'acte authentique du baptême de René Descartes, mais encore plusieurs autres actes, échelonnés à six ans d'intervalle, et démontrant que la famille du philosophe était installée à demeure dans cette localité. Il publia toutes ces pièces, releva un acte faux qu'on avait introduit dans la discussion, et, pour consacrer en quelque sorte les conclusions de son mémoire, alla poser, au nom de la Société archéologique, le 2 juin 1873, une plaque commémorative sur la maison natale de Descartes.

Le secrétaire perpétuel de la Société d'agriculture n'était ni moins actif ni moins zélé que le président de la Société archéologique. C'est à ce titre que M. Ferrand, préfet d'Indre-et-Loire, fit appel à son concours, en 1875 et 1876, pour l'organisation dans le département de conférences agricoles et scientifiques. Quoique la proposition fût peu en rapport avec son caractère et ses études préférées, il s'y prêta de bonne grâce, dressa le plan des conférences et désigna les notabilités qui devaient être invitées à porter la parole devant un auditoire d'élite. On entendit successivement MM. Georges Ville, de la Blanchère, Barral, Gressent, Gayot, Terrel des Chênes, Benion, Lecouteux, et autres professeurs de renom; mais il ne paraît pas que ces conférences aient eu d'autre résultat que de distraire agréablement la plupart des auditeurs.

# XIV



Il fallait que l'abbé Chevalier fût doué d'une
puissance de travail extraordinaire et aussi d'une
santé très robuste pour suffire à sa tâche. Il ne
perdait jamais un instant. Sa vie était réglée comme
celle d'un moine : la prière, l'étude, une courte
promenade ou une visite à la bibliothèque se par-
tageaient sa journée. Son esprit si clair, si vif et
si pénétrant, était toujours occupé. Avait-il un
ouvrage en perspective? il le composait de toutes
pièces dans sa tête avant de prendre la plume, et
le rédigeait ensuite avec une facilité merveilleuse,
écrivant de jet, sans le moindre effort, sans fatigue
apparente, sans aucune rature, ce qui ne l'empêchait pas de revêtir sa pensée de la forme la plus
nette, la plus précise, la plus classique et la plus

harmonieuse ; il écrivait comme il parlait avec une parfaite aisance et une telle correction de style, qu'il n'avait jamais besoin de se recopier ; il se contentait de relire son livre au moment de l'impression ; il y faisait alors quelques retouches littéraires très sobres, et c'était tout.

S'il avait pu croire que ce travail acharné, sans repos ni trêve, n'était en aucune façon nuisible à sa santé, il fut tiré brusquement de son illusion, au mois d'avril 1873, par une crise violente qui le mit à deux doigts de la mort. C'était au lendemain de ses succès à la réunion des sociétés savantes. « Sa constitution vigoureuse résista facilement, et le mal ne laissa que des traces à peine appréciables. Le secret fut gardé : c'était la volonté du malade et le devoir du médecin[1]. » Presque tout de suite, il reprit ses études, et ne se décida que trois mois plus tard à les interrompre.

Il me fit part de ses projets le 10 du mois d'août : « Je compte partir sous peu de jours pour aller prendre un repos bien gagné, dont je commence à sentir le besoin. J'ai renoncé à visiter l'exposition de Vienne, le choléra y régnant avec quelque intensité. Je me contenterai de recommencer l'odyssée, toujours enchanteresse, de la Suisse. J'y passerai trois pleines semaines, puis je rentre-

---

[1] Lettre du docteur Duclos, 12 janvier 1894.

rai par Paris, où je me propose de travailler cinq
ou six jours, et par Dreux, où je visiterai un
ancien ami de séminaire. Je compte rentrer ici
vers la fin de septembre, après cinq semaines d'absence. J'ai voulu vous tracer en gros mon itinéraire, afin que vous puissiez me suivre par la pensée dans les vallées alpestres, sur les cols neigeux,
au bord des lacs, puis sur le plateau solitaire de
la Beauce. »

Il partit donc, accompagné de son ami, M. l'in-
tendant Lèques, et, le 22 août, frappé de nouveau
subitement, il dut s'arrêter. Les détails de sa maladie se trouvent consignés dans une lettre écrite au
retour, sous sa dictée, en date du 16 septembre.
Je crois être agréable à ses amis en en reproduisant une partie. « Je reviens de Suisse, me
disait-il, avec une santé gravement et, je le crains,
foncièrement altérée. C'est une maladie de cœur,
suite de celle du mois d'avril. Une fatigue des
organes respiratoires, causée sans doute par une
petite excursion, l'a fait revivre et a déterminé une
congestion pulmonaire intense. Le médecin de Mar-
tigny, qui m'a soigné pendant dix jours, n'a point
reconnu ce double état pourtant si manifeste, et
m'a traité avec succès pour trois maladies que je
n'avais point, laissant grandir la maladie véritable
dont je ne cessais de me plaindre. Puis, ennuyé

probablement d'un malade si hiéroglyphique, il me permit de partir pour Genève. Au moment où j'y arrivais, la congestion pulmonaire atteignait toute son intensité, provoquée, je le pense, par l'ascension des trois étages qu'il m'avait fallu grimper. La pléthore des poumons étant complète, tous les conduits aériens se trouvaient fortement comprimés par les parties congestionnées, et je faillis mourir d'asphyxie. Il ne s'en fallut, au dire du médecin, que de cinq à six minutes. Un secours providentiel me sauva... » Sa première pensée fut d'appeler le prêtre; il reçut tous les sacrements, donna ses instructions à son compagnon de voyage, et fit de bon cœur le sacrifice de sa vie. Dès que le danger eut disparu, il songea au retour. « Je suis revenu de Genève à petites journées, luttant chaque jour à force de sinapismes contre des étouffements sans cesse renaissants. J'ai le cœur fort malade, un battement me manque sur quatre, et il en résulte des désordres dans la circulation générale du sang. » A la nouvelle de sa maladie, j'avais demandé partout des prières pour sa guérison, et je le lui avais fait savoir. Il en fut touché. « Mon ami, merci de vos bonnes sympathies, mais ne demandez point de grâces extraordinaires pour moi. Je ne veux qu'une chose, être soumis à la volonté de Dieu, soit qu'il me retire de ce monde, soit qu'il m'y conserve mutilé. » M. Lèques, qui l'avait suivi d'étape en étape, le soignant comme un frère, jour et nuit, sans le perdre de vue un seul instant, me rappelait dans une lettre toute récente les émotions de ce voyage et de celui qu'il fit plus tard en Italie avec l'abbé Chevalier. « Au cours de ces voyages, me dit-il, j'ai admiré le savoir profond du géologue sur la terre de Suisse, comme aussi la science variée de l'archéologue pendant que nous parcourions l'Italie. J'étais tous les jours sous le charme d'une conversation qui dévoilait une érudition universelle. C'est le cas de rappeler l'adage : Rien ne lui était étranger des sciences humaines... C'était un esprit étendu, un grand caractère, une âme élevée. » J'ajoute : c'était un homme de cœur et un fidèle ami. Jamais il n'oublia les charitables services de M. Lèques, et lorsque l'occasion s'offrait de nous redire les incidents de ce fatal voyage, il la saisissait pour nous vanter son aimable compagnon de route qu'il appelait son sauveur.

La convalescence se fit lentement. Le grand air, les promenades, un repos absolu en octobre, lui rendirent peu à peu le sommeil et l'appétit, puis les forces et les couleurs ; mais tout n'était pas dit, et il s'en rendait compte : la moindre secousse physique ou morale suffisait pour ramener les perturbations du cœur avec leurs conséquences. Le 25 novembre, il eut le malheur de perdre sa mère, et ce fut pour lui une peine profonde qui eut un retentissement fâcheux sur sa santé. « Ma bonne mère, écrivait-il, a toujours été une excellente chrétienne, pleine de foi, et j'espère que Dieu lui a déjà fait miséricorde. Toutefois ne cessons de prier » (6 décembre). Ce devoir de la prière pour ses défunts, il n'oubliait jamais de le remplir; j'en ai trouvé la preuve touchante dans une foule de notes inscrites à leur date dans ses papiers.

En réponse à mes vœux de bonne année, il m'écrivait le 2 janvier 1874 : « Vous me demandez des nouvelles de ma santé. Pour tout le public, sans exception, elle est très bonne; pour vous *seul* j'avouerai qu'elle ne vaut pas grand'chose. Je n'en dirai rien de plus aujourd'hui. J'ai grand besoin de prières pour sortir de ces épreuves et *traverser la ligne* sans accident. » Malgré tout il s'était remis au travail et avait repris sa plume. « Ce mois de novembre, j'ai écrit un volume in-8° de deux cents pages. C'était une imprudence, je le reconnais, mais une imprudence forcée. Me voici redevenu sage, et je prends la ferme résolution d'être sage toute l'année. Je me bornerai à publier les *Archives d'Amboise* et le premier volume de l'*Histoire de Marmoutier* de dom Martène. Ce sera suffisant, et je n'entreprendrai certainement aucun ouvrage personnel de longue haleine. » Il se tint parole, ce qui n'empêcha pas que la nouvelle année fut très laborieuse.

La publication des *Archives d'Amboise* était projetée depuis longtemps. Le savant président de la Société archéologique se trouvait naturellement désigné, par ses travaux antérieurs, pour une semblable tâche. Le maire de cette ville, M. Guinot, d'accord avec le conseil municipal, désigna l'abbé Chevalier au préfet d'Indre-et-Loire et au ministre de l'intérieur, et son choix fut ratifié. Dès le mois d'avril 1873, après deux ans d'études, toutes les pièces étaient classées méthodiquement selon les instructions ministérielles, numérotées et analysées. Il ne s'agissait plus que d'en dresser le catalogue, lorsque survint la maladie qui le condamna au repos. Ce catalogue, formant un volume in-8° de près de six cents pages, fut publié en 1874 par la librairie Georget-Joubert sous ce titre : *Inventaire analytique des archives communales d'Amboise de 1421 à 1789*.

C'est un des plus curieux inventaires d'archives municipales qui aient été publiés, de l'aveu de M. Léopold Delisle. C'est une mine féconde de renseignements d'un vif intérêt, non seulement pour l'histoire locale, mais même pour l'histoire générale. « Il n'y a guère eu de faits graves depuis le milieu du xv° siècle jusqu'à la fin du xvii°, qui

n'aient eu leur retentissement à Amboise et qui ne
figurent dans les registres de la ville, souvent par des
pièces inédites ou inconnues. » Dans une introduction étendue, l'auteur a raconté sous une forme
piquante la conquête des franchises municipales et
les relations singulières de Louis XI avec sa bonne
ville : il a révélé les noms d'une foule d'artistes
locaux, et démontré que deux des plus grands
maîtres de la Renaissance française, Pierre Nepveu
Trinqueau et Jacques Coqueau, les premiers architectes du château de Chambord, étaient d'origine
amboisienne ; enfin il a prouvé par des pièces inédites que Léonard de Vinci est mort, non à Fon-
tainebleau, comme on l'a cru d'après une tradition
erronée, mais au petit manoir du Clos-Lucé, près
d'Amboise. Ces filons entr'ouverts, pour emprunter
encore une pensée de l'auteur, montrent suffisamment la richesse de cette mine nouvelle, qu'il est
aujourd'hui si facile d'exploiter. Il n'y a plus qu'à
prendre la plume pour écrire une histoire d'un
intérêt profond où le passé revive sous sa physionomie véritable. L'ancien curé d'Amboise, Mgr Renou,
évêque d'Amiens, a eu la pensée d'utiliser tous ces
documents « qui font si bien connaître les institutions, les usages et la vie d'une petite ville,
sous les règnes de Louis XI et de ses succes-
seurs » ; il a même publié, en quittant sa paroisse,
les premiers chapitres d'un livre en préparation.

Aura-t-il assez de loisirs désormais pour le mener à bonne fin? Nous le désirons vivement.

Tout en corrigeant les épreuves de son *Inventaire des archives d'Amboise*, l'abbé Chevalier préparait la première édition de l'*Histoire de l'abbaye de Marmoutier* par dom Martène, deux volumes formant les tomes XXIV et XXV des *Mémoires de la Société archéologique de Touraine*. Le manuscrit autographe lui avait été communiqué par M. Léopold Delisle, directeur-administrateur de la Bibliothèque nationale; mais l'idée de la publication datait de plus loin, et je crois me rappeler qu'elle lui fut suggérée par M. Jules Taschereau. « Cet ouvrage est un véritable dossier d'archives qui intéresse non seulement la Touraine, mais encore la France entière, à cause de l'extension des possessions du célèbre monastère, et cette vulgarisation de l'œuvre de l'illustre bénédictin était un événement littéraire de premier ordre, parce qu'elle apportait une multitude de documents nouveaux aux érudits de toutes les provinces de France. M. E. Miller, membre de l'Académie des inscriptions et belles-lettres, en félicitait l'éditeur en ces termes : « J'apprends avec plaisir que vous continuez vos savants travaux avec le même zèle et le même succès. Les histoires particulières sont un grand service rendu à l'histoire générale. Vos nom-

breuses et importantes publications vous ont posé
parmi nous comme un des hommes les plus instruits
de la province ; aussi vous êtes habitué à rencontrer à l'Académie de vives et sérieuses sympathies.
Je suis un de ceux qui savent le mieux vous apprécier[1]. » — « Le comité des travaux historiques, écrivait de son côté M. Léopold Delisle, ne manquera
jamais de signaler à la bienveillante attention du
ministre les savants et utiles volumes dont vous ne
cessez d'enrichir l'histoire de Touraine. J'ai eu plus
d'une fois l'occasion d'exprimer l'estime à laquelle
ont droit vos travaux, et toujours sur ce point
j'ai rencontré l'assentiment de mes collègues »
(16 mars 1875).

Et, en effet, M. Chevalier, qui était officier
d'académie depuis 1870, reçut, le 31 mars 1875,
les palmes d'or et la rosette d'officier de l'instruction publique, et, le 21 mai suivant, il fut nommé
correspondant du ministère pour les travaux historiques. Ces distinctions étaient assurément fort
au-dessous de son mérite ; il en fut néanmoins très
flatté.

Comme on le voit par cette rapide analyse et
par l'ensemble de ces jugements, toute les publications de l'abbé Chevalier ont un côté original ;

--------

[1] *Tableau analytique*, pp. 75, 76.

il sort des voies battues, il attaque des filons ignorés ou négligés, il ouvre des horizons nouveaux, et
la plupart de ses livres sont la conquête pour la
science d'un domaine à peu près inexploré.

# XV



Plus d'un an s'était écoulé sans modifier d'une
manière sensible l'état de santé de ce travailleur
infatigable. A la fin, il comprit qu'il fallait coûte
que coûte changer de régime et prendre un peu de
repos. Il avait été renommé président de la Société
archéologique pour une nouvelle période de trois
années. C'était une nouvelle condamnation aux
travaux forcés. Il résigna ses fonctions au mois de
juillet 1875, et emporta dans sa retraite comme
témoignage de sympathie de ses collègues le titre
de président honoraire. Pour ne pas rester complètement oisif, ce qui eût été pour lui contre nature,
il mit en ordre une foule de matériaux amassés

depuis longtemps pour composer le *Dictionnaire
historique et monumental des communes d'Indre-
et-Loire*, et se livra sans empressement ni fatigue
à des lectures variées et à des compositions faciles,
quoique toujours savantes.

Mgr Fruchaud, qui n'avait fait que passer sur le
siège de Tours, s'était montré bienveillant pour ce
prêtre érudit, qui occupait sans se plaindre un rang
des plus modestes dans le clergé diocésain; il admirait comme nous tous l'étendue de son savoir, la
finesse de sa plume et la prodigieuse fécondité de
son talent; mais il semble qu'il n'ait pas été complètement libre de lui rendre pleine justice. Je sais
qu'il en eut le désir, mais ses intentions furent
contrariées par de hautes influences dont il crut
devoir tenir compte.

Mgr Colet lui succéda en 1875. « Nous venons
d'installer notre nouvel archevêque, m'écrivait
l'abbé Chevalier à la date du 4 février. L'impression a été bien meilleure que celle que promettait
sa photographie. Au physique, c'est un homme
fort, robuste, carré, un type de montagnard. Je
crois que le moral est modelé sur le même type,
et ce doit être une nature droite, ferme, un peu
rude, un peu rurale. Nous avons eu un peu de tout
cela dans les deux courtes entrevues que nous avons

eues avec lui, l'une solennelle, l'autre plus intime. En chaire, il a bien parlé, et ce qu'il a dit était bon et accentué par une voix pleine et forte. Aujourd'hui, à la réception du clergé, l'improvisation a été moins heureuse. Bref, l'impression générale est bonne. Espérons, puisqu'il aime l'étude, qu'il va chercher à nous réveiller un peu. »

Le 6 mars, il me confirmait son premier jugement :

« J'ai eu l'occasion de voir Monseigneur pour lui soumettre l'épitaphe de M⁹ʳ Fruchaud, que la commission du monument m'avait chargé de composer. J'ai été très content de cette entrevue. Je l'ai trouvé, comme tout le monde, d'un aspect un peu montagnard, mais droit, intelligent, et paternellement bon. Il a de la bonhomie véritable, partant de la bienveillance. Mais, hélas! il a 69 ans ; et ce temps d'arrêt, qu'un changement d'administrateur inflige à un diocèse, nous menace encore dans un avenir peu éloigné. Voilà évidemment le mauvais côté de notre situation, que je trouverais bonne avec dix années de moins sur la tête de notre chef. »

Ce portrait à la plume m'a paru si ressemblant que je n'ai pas résisté au plaisir de le citer.

La qualité dominante de M⁹ʳ Colet, c'était la justice, et s'il lui arrivait de se tromper, il savait le reconnaître et réparer son erreur. Aux yeux de tous ceux qui l'ont vu de près, c'était, lui aussi, un travailleur héroïque et un saint évêque.

Peu de temps après son installation, le 15 septembre, il fit remettre à M. Chevalier le billet suivant : « Monsieur l'abbé, je ne crois pas pouvoir mieux honorer votre talent dont la lecture de vos livres me fait apprécier chaque jour davantage la fécondité, ainsi que le caractère sérieux et élevé, qu'en vous nommant historiographe du diocèse. A ce titre sera attaché un traitement. »

Il n'en fallut pas davantage pour encourager l'abbé Chevalier, le consoler de beaucoup de tristesses et le faire entrer dans une voie plus conforme à ses aptitudes et à ses goûts. Il s'occupa dès lors plus spécialement de questions hagiographiques. Nous le voyons étudier la fiole de sang de saint Maurice, trouvée dans l'autel de l'église de Candes, le tombeau de saint François de Paule au monastère du Plessis-lez-Tours, la chapelle de Notre-Dame-du-Chevet à la cathédrale, la question de la dédicace de cette même cathédrale et des consécrations de son autel majeur, les reliques de Marmoutier, déposées au moment de la révolution à Notre-Dame-la-Riche, les reliques de saint Gatien et de saint Quentin de Touraine, et enfin tous les documents pouvant jeter quelque lumière sur les reliques de saint Martin.

Ces dernières recherches le mirent sur la voie d'une découverte importante en lui faisant reconnaître plusieurs fragments des marbres d'Autun qui ornaient le tombeau primitif du thaumaturge. Ces marbres, recueillis dans les premières fouilles de la basilique en 1860, gisaient dans un coin, méconnus et oubliés ; personne n'en avait soupçonné la valeur[1]. L'abbé Chevalier, frappé de leur aspect antique, y vit des marbres sculptés du ve siècle, constata leur provenance des carrières d'Autun, et en suivit l'histoire depuis l'origine dans toute la tradition écrite jusqu'en 1789. Son jugement, porté au mois d'octobre 1875, fut ratifié par les maîtres les plus compétents en la matière. MM. J.-B. de Rossi et Edm. Le Blant, membres de l'Institut, l'appuyèrent de leur imposante autorité. Une commission spéciale, chargée officiellement par Mgr Colet d'étudier la question, conclut que ces marbres provenaient très probablement du sarcophage de saint Martin, et Mgr l'archevêque ordonna de les replacer près du tombeau dans la chapelle provisoire. Le mémoire où ce problème historique et archéologique est étudié à fond, d'abord arrêté par je ne sais quelle influence, n'a été publié qu'en 1880, et a fait sensation dans le monde savant[2]. Les documents qu'il

----

[1] Ces marbres représentent une croix gemmée, avec l'*alpha* et l'*oméga* pendants, et deux flambeaux sur les bras. M. de Rossi a signalé, en 1891, d'après un sarcophage du vi[e] au viie siècle trouvé à Ravenne, un nouvel exemple de ces croix céréofères.

[2] M. Lecoy de la Marche a reçu communication du manuscrit,

renferme sur les dispositions architecturales de la basilique primitive de Saint-Martin, ont déjà permis de faire des découvertes du même ordre en Italie.

Les questions d'art étant de plus en plus à l'ordre du jour, on eut l'idée, au ministère de l'instruction publique, de faire dresser l'inventaire général des richesses artistiques de la France. Dans ce but, des commissions départementales furent partout chargées de réunir les éléments de cette vaste information. Un arrêté préfectoral, en date du 20 avril 1878, créa la commission d'Indre-et-Loire, mais il ne paraît pas qu'elle ait fonctionné.

Un mode plus pratique avait d'ailleurs été adopté dès l'année précédente. Mgr Colet proposa au ministre de faire dresser par l'historiographe de son diocèse l'inventaire des objets d'art des églises, et ce choix fut agréé. L'abbé Chevalier fit appel à ceux de ses confrères qu'il crut les plus aptes à lui venir en aide, et leur transmit, avec des instructions générales, l'inventaire de trois églises d'importance diverse, inventaire dont la rédaction avait été préalablement approuvée à Paris, et qui devait servir de modèle. Plus de cent monographies, ainsi rédigées par un certain nombre de curés, furent

et y a puisé des notes pour son *Saint Martin*, édité par M. Mame au mois de septembre 1880. Voir cet ouvrage, pp. 435 et 470.

transmises au ministère dans le courant de l'année 1877, et jugées dignes de figurer, sans modifications, dans le catalogue général[1]. Elles faisaient honneur au talent et à l'activité de l'historiographe ; mais je dois dire que l'enquête elle-même, prescrite par le ministre, provoquait plus de défiance que d'enthousiasme. Sur ce point l'abbé Chevalier ne partageait pas notre manière de voir. Il avait plus d'une fois déploré la vente ou l'aliénation de certains objets d'art consentie par des fabriques pauvres, et il estimait que ce catalogue empêcherait le retour de ces actes regrettables. Son installation à Rome mit fin à ce grand travail, et personne que je sache ne l'a repris pour le continuer dans les mêmes conditions.

[1] Voir dans le *Tableau analytique*, où nous puisons tous ces détails, les lettres adressées à cette occasion par M. G. Lafenestre, chef du bureau des beaux-arts, à M. l'abbé Chevalier, pp. 86, 91, 92.

# XVI



Rome avait toujours exercé une très vive attraction sur l'abbé Chevalier. Déjà aux mois de juin et juillet 1867 il y avait fait un premier voyage, pour assister aux fêtes du dix-huitième centenaire de saint Pierre. Il y était retourné au mois d'octobre 1877, « voulant refaire exclusivement pour son propre compte, disait-il, *Naples, le Vésuve et Pompéi*, nouvelle édition, revue, corrigée et augmentée ». Partout il avait senti revivre ses émotions d'autrefois, et au milieu de cette admirable nature, devant cette antiquité si puissante et si saisissante, il était littéralement ravi. Il consacra trois semaines au nord de l'Italie, y compris Ravenne, Florence et Sienne, une semaine à Naples, et quinze jours à Rome. Malgré les fatigues inséparables de courses multipliées, sa santé n'eut pas trop à souffrir. « Je suis très gai, très surexcité par tout ce que je vois, m'écrivait-il, et le temps est admirable de tout point. Ici, à Naples, le ciel est splendide, et la chaleur un peu forte, ce dont nous ne nous plaignons pas. Ajoutez à cela que mon compagnon de voyage, M. Lèques, est le plus charmant homme du monde, et vous aurez une idée de mon bonheur. » (17 octobre 1877.)

Mais ce pèlerinage si rapide n'avait fait qu'irriter son désir d'étudier sérieusement la ville éternelle, et par conséquent d'y retourner dans des conditions meilleures, non plus en touriste, mais en prêtre, en observateur, en archéologue et en historien. Il rêvait d'écrire un livre monumental sur *Rome et ses pontifes*, et il sentait qu'il ne pouvait le faire utilement qu'après avoir vécu dans l'intimité des catacombes, de Saint-Pierre et du Vatican. M. Alfred Mame consentait à éditer l'ouvrage. Il n'y avait donc plus lieu d'hésiter.

Pour faciliter ses recherches et se créer des relations savantes, M. Chevalier sollicita de M. Wadington, ministre des affaires étrangères, des lettres d'introduction pour l'ambassade. M. Wadington, qui, comme membre de l'Académie des inscriptions et belles-lettres, connaissait ses travaux de longue date, s'empressa de le recommander. Les circonstances firent le reste et le servirent d'ailleurs beaucoup.

Il partit donc dans les premiers jours de janvier 1878. Le roi Victor-Emmanuel venait de mourir.

« Cette mort, écrivait-il, a un peu troublé mon itinéraire, car la ville étant remplie de 140 000 étrangers, appelés ici par l'enthousiasme... et par les ordres du ministère, il n'y avait pas moyen de s'y loger. J'ai donc dû errer pendant huit jours de Turin à Rome, par Gênes, Pise, Lucques et Florence ; puis il a fallu chercher un logement, celui sur lequel je comptais étant occupé. Après cela est venue la mort de Pie IX ; j'ai pu deux fois aller à Saint-Pierre vénérer ses restes mortels. Enfin nous venons d'avoir l'élection et l'intronisation de Léon XIII, au milieu de pompes grandioses, à demi tempérées par le deuil prolongé de la cour pontificale.

« ... Au milieu de tous ces événements, ajoutait-il, je mène la vie la plus calme du monde. Je travaille toute la matinée jusqu'à midi, avec les immenses ressources des bibliothèques, situées toutes dans mon voisinage, sauf le Vatican. Et tout l'après-midi est occupé par des courses motivées par les lectures du matin. Le matin, je lis l'histoire dans les livres ; le soir, sur place et dans les monuments. Cela est pour moi plein d'attrait. »

Et après quatre mois de séjour, le 10 mai, rentré à Tours, il me tenait au courant de ses projets :

« Je commence à connaître la ville éternelle,

non dans toute son étendue (il faudrait pour cela plus d'une année d'étude attentive), mais dans ses traits principaux. J'en rapporte un livre ébauché en grand, terminé dans quelques parties, et où il n'y a plus que l'important chapitre des Catacombes à rédiger. C'est l'affaire d'un ou deux mois de revision et de correction. Je vais m'y mettre aussitôt que je me serai suffisamment reposé[1]. »

Le 1ᵉʳ juin il était à Paris, occupé à recueillir ses dernières notes, et en septembre le livre était achevé. Mais les circonstances étaient moins favorables que l'année précédente pour l'offrir au public; la politique irréligieuse s'accentuait de plus en plus; il parut sage d'attendre. Et, de fait, je l'ai dit plus haut, l'ouvrage, qui est la propriété de M. Mame, n'a pas encore été publié.

Sa tâche ainsi terminée, l'abbé Chevalier crut devoir aller remercier le ministre des affaires étrangères des lettres de recommandation qu'il lui avait accordées, l'hiver précédent, et qui lui avaient ouvert toutes les portes. C'était dans les premiers

[1] Dans la même lettre, il disait : « J'ai vu Léon XIII deux fois en audience générale et une fois en audience particulière avec Mgr l'archevêque, qui a bien voulu spontanément me conduire avec lui au Vatican. Le nouveau pape est très gracieux, très bienveillant, et il a produit la meilleure impression sur tous ceux qui l'ont vu. » Cette impression ne fit que grandir, à mesure que M. Chevalier eut la fortune d'approcher de plus près le souverain pontife, ce qui lui fut accordé souvent dans la suite.

jours d'octobre. M. Wadington l'accueillit avec
beaucoup de bonne grâce, lui parla de Rome et de
ses monuments, l'interrogea sur ses goûts, ses études,
ses projets d'avenir, et tout à coup : « Accepteriez-
vous, lui dit-il, la succession de Mgr de Rayneval ? »
Ce prélat, qui venait de mourir, était supérieur de
Saint-Louis-des-Français. M. Chevalier, malgré son
vif désir de s'installer à demeure dans cette ville
de Rome, qu'il avait appris à aimer chaque jour
davantage, déclina l'offre du ministre, en invoquant
des raisons de santé. M. Wadington insista, ou du
moins il lui proposa une autre charge, moins laborieuse, remplie jadis avec distinction par Mgr Lacroix,
celle de clerc national du sacré Collège et de secrétaire consistorial pour la France, et l'abbé Chevalier accepta. Séance tenante, tout fut conclu. Par
lettre du 15 octobre 1878, le ministre chargea
l'ambassadeur de France, M. le marquis de Gabriac,
de le présenter à l'agrément du saint-père, et, cet
agrément obtenu, la nomination officielle fut faite
le 21 novembre.

L'abbé Chevalier partit pour Rome dans les
premiers jours de février 1879, et, après avoir
présenté ses hommages au pape dans une séance
d'étiquette, fut installé comme clerc national au
consistoire du 28 février.

L'institution des auditeurs de rote et des clercs

nationaux remonte au XIII° siècle (vers 1230), les premiers ayant dans leurs attributions les affaires litigieuses, et les seconds les affaires gracieuses, postulations de bénéfices et expéditions de bulles épiscopales pour leurs nations respectives. Outre le clerc italien, qui est en même temps secrétaire du sacré Collège et de la congrégation consistoriale, il y avait quatre clercs désignés par la France, la Germanie, l'Espagne et l'Angleterre (ce dernier supprimé à l'époque du schisme de Henri VIII). Les clercs faisaient le service du sacré Collège pendant un an à tour de rôle, et pendant cette année ils recevaient de la Chambre apostolique la provision d'un *rubbio* de sel de première qualité, vulgairement appelé *sel des cardinaux*, et des rations de pain comme les autres officiers de la cour; ils avaient aussi droit à des *propines* pour la création des cardinaux, et percevaient des émoluments plus ou moins considérables pour l'expédition des bulles et des grâces pontificales. En outre, le clerc français avait en France, avant la révolution, un revenu de trente mille livres en bénéfices simples. Par la nature de leurs fonctions et leurs ressources matérielles, les anciens clercs nationaux avaient donc une haute situation à la cour romaine, et leurs relations avec les postulateurs des évêchés, des abbayes et des bénéfices consistoriaux leur donnaient une grande influence.

Cette situation commença à décliner à partir du xviᵉ siècle, par suite de l'établissement d'ambassades permanentes auprès du saint-siège. Les ambassadeurs envahirent peu à peu toutes les affaires gracieuses, à la faveur du concordat de 1516, qui avait mis en la main du roi tous les bénéfices majeurs. Les clercs furent bientôt réduits à n'être que les secrétaires des consistoires, à postuler le *pallium* pour les archevêques, et à porter le titre, plus honorifique que réel, de substitut du secrétaire du sacré Collège[1].

Deux mois après son arrivée, le 25 avril 1879, M. Chevalier fut élevé par le pape Léon XIII à la dignité de camérier secret, qui confère l'usage du vêtement violet et la qualification de *Monsignore*. Dans le billet du majordome des sacrés palais apostoliques, il n'est pas fait mention de la cléricature nationale, mais uniquement des titres académiques du bénéficiaire, sans doute pour bien établir que la dignité de camérier n'est pas nécessairement attachée à la fonction du clerc national. De fait, l'abbé de Sambucy (1815-1827) n'a jamais été prélat, et Mᵍʳ Pierre Lacroix ne l'est devenu qu'après vingt-deux ans d'exercice de sa charge[2].

[1] Tous ces détails sont empruntés au *Mémoire historique sur les institutions de France à Rome* par Mᵍʳ Lacroix, et à la correspondance de Mᵍʳ Chevalier.

[2] Mᵍʳ Chevalier a pris pour armoiries en qualité de camérier :

Déjà membre de l'Académie royale des sciences et des lettres de Palerme depuis 1866, membre aussi de l'*Arcadia* romaine depuis 1870, M<sup>gr</sup> Chevalier fut élu comme associé d'honneur étranger, *socio di onore*, de l'Académie pontificale d'archéologie de Rome, dont l'illustre M. J.-B. de Rossi était président, et M. Pierre-Hercule Visconti, secrétaire perpétuel. Pour entrer dans cette Académie, il faut d'une part des titres scientifiques sérieux vérifiés par la compagnie savante elle-même, et d'autre part l'approbation personnelle du pape et du cardinal secrétaire d'État. Les travaux de M<sup>gr</sup> Chevalier, déjà connus à Rome, lui avaient ouvert la porte, et le saint-père avait même daigné le dispenser, en raison de sa notoriété, de la présentation préalable qui se fait ordinairement dans la séance d'avant l'élection. Le candidat fut élu au premier tour et à l'unanimité « comme un antiquaire distingué, auteur d'ouvrages qui jettent un nouvel éclat sur la science. »

Pour justifier ces faveurs, le clerc national offrit au saint-père la collection complète de ses œuvres principales, comprenant seize volumes in-8°. Ces volumes, magnifiquement reliés en chagrin rouge par MM. Mame, firent l'admiration des prélats de l'antichambre, et valurent à l'auteur un gracieux

---

*De sable, à l'armure de chevalier d'argent, chargée d'une croix de gueules. Devise : Sicut miles Christi.*

compliment de Léon XIII, qui le remercia et le bénit.

Avec son double titre de camérier secret et de membre de l'Académie pontificale d'archéologie, Mgr Chevalier pouvait se présenter partout : il était sûr d'être accueilli.

# XVII

Le clerc national, il est vrai, n'avait à remplir qu'un rôle tout à fait secondaire près du consistoire; mais il avait une autre mission plus importante, qui était de travailler, dans sa modeste sphère, au maintien de la bonne harmonie entre la France et le Vatican, et de défendre notre influence à Rome contre les tentatives qui auraient pour effet de l'amoindrir en transférant en d'autres mains nos droits onze fois séculaires. Si ces tentatives avaient abouti, comme nos ennemis l'ont espéré un moment, c'eût été un grand malheur pour la France et même pour l'Église, car il n'est point indifférent que l'action de l'Église soit secondée par telle ou telle nation. La France a des qualités natives qui la rendent plus apte que tous les autres peuples à la propagation de la foi ; elle est pleine d'ardeur et de prosélytisme, elle est généreuse, elle prodigue son or et son sang, elle protège les faibles, tandis que l'Allemagne, peu féconde en missionnaires, est cupide, égoïste, sans entrailles pour les petits. La prédominance de l'esprit allemand dans l'entourage du saint-père, ce serait l'amoindrissement de la France et le recul de la civilisation.

Cette manière de voir était celle de nos représentants diplomatiques, avec lesquels M<sup>gr</sup> Chevalier eut toujours d'excellents rapports. Il se loue beaucoup dans ses lettres de la confiance et de l'affectueux intérêt que lui ont témoigné les trois ambassadeurs qu'il a connus au palais Colonna. Par une rare bonne fortune, il a trouvé près d'eux quatre premiers secrétaires successifs que des liens de famille ou d'intérêt rattachent à la Touraine : le vicomte de Croy, son ancien condisciple du petit séminaire de Tours ; le comte d'Annay, qu'il avait rencontré chez sa mère, la marquise de Lussac, au château de Comacre ; M. Fourier de Bacourt et M. de Monbel. Cela rendait toutes les relations faciles et agréables.

Un peu plus tard, à la fin de l'année 1882, M. Decrais, directeur politique au ministère des affaires étrangères, fut nommé ambassadeur de France près du roi d'Italie, et alla occuper le palais

Farnèse. M. Decrais avait été préfet d'Indre-et-Loire et avait reçu plusieurs fois M. Chevalier dans l'intimité de sa famille. Il le reçut de même à l'ambassade.

Disons enfin, pour terminer cette revue du monde officiel, que M<sup>gr</sup> Chevalier entretint toujours de bons rapports avec les prélats français de Rome, l'auditeur de rote, le canoniste de l'ambassade, et les supérieurs de Saint-Louis.

Avec le sacré Collège, dont il était un des officiers, le clerc national avait des relations de déférence tout indiquées. Il a cultivé plus particulièrement cinq cardinaux qui lui témoignaient de la bienveillance : le cardinal Pitra, qui, d'abord très bon pour ce bénédictin séculier dont il admirait les travaux, se refroidit ensuite beaucoup au moment des difficultés du diocèse de Poitiers et du conflit suscité à Tours par l'affaire de Saint-Martin ; le cardinal de Falloux, qui, peu soucieux de l'étiquette cardinalice, venait le voir familièrement ou l'appelait chez lui en voisin ; le cardinal Lasagni, ancien secrétaire du sacré Collège, qui l'avait présenté au consistoire ; enfin les cardinaux Czacki et Schiaffino, deux esprits éminents de la même famille. M<sup>gr</sup> Chevalier ne parlait jamais sans émotion d'une touchante démarche du cardinal de Falloux, qui, très souffrant lui-même du mal qui l'emporta un mois plus tard, voulut néanmoins faire ses adieux au clerc national quand celui-ci partit pour la France, à la fin de mai 1884, sous le coup d'une très grave maladie. Le bon cardinal, ne pouvant monter au second étage, reçut Mgr Chevalier dans sa voiture comme dans un salon, et lui donna une audience de vingt minutes en pleine rue. En se quittant, chacun d'eux sans doute dut pronostiquer la mort prochaine de son interlocuteur.

On devine quels devaient être les entretiens de ces personnages à une époque troublée, où l'on agitait tant de questions difficiles, l'occupation de la Tunisie, la résurrection du thomisme dans l'enseignement, les décrets du 29 mars 1880 contre les congrégations religieuses, la loi militaire, la séparation de l'Église et de l'État, toujours menaçante, la question du pouvoir temporel, etc. De ces causeries animées, Mgr Chevalier rapportait toujours une lumière nouvelle et un plus vif désir de s'employer utilement pour la défense de la sainte cause de l'Église. Il notait tout ce qu'il avait appris, il le consignait dans des cahiers intimes, au jour le jour, et me fournissait ainsi, sans y penser, les éléments de son histoire durant une période de dix ans.

Là ne se bornaient pas ses relations ecclésiastiques. Il voyait un assez grand nombre de prélats attachés aux congrégations romaines, et se faisait

un devoir de visiter les établissements français,
Saint-Louis, le séminaire de Santa-Chiara, la procure de Saint-Sulpice, etc. Dans le petit couvent
de la *Panetteria*, il retrouvait avec plaisir un de
ses condisciples de Tours, notre ancien professeur
de troisième au petit séminaire, le P. Martin Fronteau, devenu définiteur d'une famille de l'ordre des
carmes [1].

Chez les Dames de la Retraite c'étaient d'autres
figures tourangelles : M^me Estienne, de Tours, secrétaire générale de la congrégation, qui, venue pour
organiser le Cénacle de Rome, était enlevée en
quelques jours, au mois de septembre 1881, par
une de ces fièvres typhoïdes si communes et si redoutables sous le climat romain; et M^me Élisabeth de
Bridieu, qu'il avait connue toute jeune au château
de Sansac, à Loches, et qu'une mort prématurée
attendait au Cénacle de Turin, dont elle avait été
nommée supérieure.

Par la nature de ses travaux antérieurs, le
clerc national était surtout attiré vers l'École française d'archéologie, gouvernée successivement par
MM. Geoffroy et Edm. Le Blant, membre de l'In-

[1] Le P. Fronteau a suivi de bien près son ancien condisciple
dans la tombe. Il est mort à Calahorra, en Espagne, le 8 janvier 1894.

stitut. Les jeunes gens dirigés par eux ont tous accompli des travaux qui font honneur à l'érudition française. Les soirées du jeudi du palais Farnèse étaient d'aimables réunions où l'on trouvait, avec le personnel de l'école, nos jeunes artistes, les savants romains et les savants étrangers de passage. C'est là que Mgr Chevalier a connu le docteur Kraus, professeur d'histoire ecclésiastique à l'université de Fribourg en Brisgau.

A la villa Médicis, dirigée d'abord par M. Cabat, puis par M. Hébert, il trouva en arrivant, parmi les pensionnaires de la France, deux jeunes artistes : M. Laloux, architecte, qui commençait à se faire connaître par d'admirables restitutions des monuments romains, en attendant qu'il devînt le constructeur de Saint-Martin, et M. Grasset, sculpteur. Celui-ci, fils d'un simple maçon ou plâtrier de Preuilly, qui s'était élevé par ses seuls efforts jusqu'à devenir un bon sculpteur, avait de brillantes facultés et promettait une illustration de plus à notre province : une mort imprévue, due à l'implacable fièvre typhoïde, l'enleva le 15 novembre 1880. La Touraine l'a remplacé depuis à la villa Médicis par un autre sculpteur, M. Sicard, comme pour affirmer la fécondité de son génie artistique.

Dans le monde proprement dit, en dehors des réceptions de l'ambassade, Mgr Chevalier, fidèle aux habitudes de toute sa vie, se répandait fort peu; il se contentait du commerce de ses hôtes, les Frattini-Vannutelli, près desquels il avait trouvé les soins, le dévouement et l'affection qu'il aurait pu demander à sa propre famille. Il voyait cependant assez souvent la princesse Caroline de Sayn-Wittgenstein, née Ivanowska, belle-mère du prince Constantin de Hohenlohe d'Autriche. La princesse était une personnalité éminente. Sa conversation, nourrie de littérature, de politique et de philosophie, charmait tous ceux qui avaient l'honneur d'être admis dans ses salons. Je me souviens que la nouvelle de sa mort, survenue le 9 mars 1887, causa un profond regret à M<sup>gr</sup> Chevalier. La princesse avait soixante-huit ans.

Tel était le milieu intellectuel dans lequel le clerc national vécut tant que dura son séjour à Rome. On peut deviner ce qu'un esprit aussi ouvert dut gagner dans ce commerce avec tant de personnages distingués, habitués à traiter les grandes questions intéressant l'Église et le monde.

En dehors de ces relations d'un caractère permanent, il y avait aussi d'autres relations accidentelles, dues à la présence des évêques français à Rome. M<sup>gr</sup> Chevalier vit ainsi passer dans la ville éternelle tout notre épiscopat, et put se former une idée complète de l'Église de France. Il recueillait les sentiments que nos prélats apportaient de leurs diocèses, les impressions qu'ils emportaient du Vatican, et assistait ainsi au développement graduel de l'action directrice de Léon XIII.

Parmi les évêques qu'il put voir de près, plusieurs l'apprécièrent à sa valeur et lui témoignèrent dans la suite une confiance et une affection dont il garda toujours le meilleur et le plus reconnaissant souvenir. Tels furent, entre autres, Mgr David, évêque de Saint-Brieuc, qui le mit en relation avec les chartreux de Lyon ; Mgr Besson, qui après une visite à Nîmes le nomma membre d'honneur de son *Comité de l'art chrétien* ; Mgr Bellot des Minières, et le vénérable cardinal Bernadou, archevêque de Sens.

D'autres prélats, auxquels il avait rendu quelques services, le remercièrent d'une manière épiscopale : c'est ainsi qu'il reçut des lettres de chanoine honoraire des diocèses de Luçon, Cambrai, Besançon, Auch, et de chanoine d'honneur d'Albi, Avignon, Clermont, Poitiers, etc.

Il semble que la présence de Mgr Chevalier à Rome ait encouragé beaucoup de Tourangeaux à entreprendre ce voyage, assurés qu'ils étaient de trouver près de lui le plus intelligent et le plus précieux des guides. Nous en avons vu un grand nombre qui se louaient beaucoup de sa courtoisie ;

à tous il rendit service en leur procurant l'audience
ou la messe du saint-père, et en mettant à leur
disposition les billets des fêtes et des musées du
Vatican; quelques-uns lui durent des faveurs et des
distinctions pontificales auxquelles ils attachaient
beaucoup d'importance. Avec ses amis particuliers,
surtout avec les architectes et les artistes, il aimait
à visiter en détail les monuments de Rome, particulièrement les anciennes basiliques, à les discuter
en les comparant avec nos œuvres de l'art roman
ou de l'art ogival, et à montrer comment notre
architecture sort de l'antiquité, même pour un certain nombre de faits architectoniques qu'on s'ob-
stine à dater du x⁰ ou du xi⁰ siècle. Ces excursions
scientifiques étaient toujours pour lui l'occasion
d'une véritable joie intellectuelle.

Mais ces joies étaient parfois tempérées par de
grandes peines et de véritables deuils. Je rappel-
lerai seulement la mort de l'abbé Flisseau. Ce
jeune ecclésiastique avait été son élève. Pour le
pousser vers les hautes études et lui faire prendre
ses grades théologiques, il l'avait appelé à Rome
et l'avait fait placer comme chapelain à Saint-Louis-
des-Français. Tout marchait à souhait. L'abbé Flisseau était pieux, régulier, attaché à tous ses devoirs;
on pouvait espérer qu'il ferait un jour honneur à
l'Église de Tours, lorsque, à la suite d'un voyage

à Naples pendant les vacances, une redoutable maladie se déclara et l'emporta en quelques jours à l'âge de vingt-neuf ans, le 27 avril 1883. Ce fut un profond chagrin pour son maître, qui tenait près de lui la place de la famille absente[1]. Les circonstances se chargèrent d'y ajouter encore. La ville de Rome célébrait alors des fêtes populaires à l'occasion du mariage du duc de Gênes avec la princesse Gisèle de Bavière. Pour ne pas troubler le cortège princier que la menace du typhus aurait d'ailleurs dispersé, le funèbre convoi dut s'acheminer clandestinement vers le cimetière à travers les ruines désertes de la cité antique et les chemins détournés de la campagne romaine, poursuivi jusqu'au Campo Verano par la musique et les clameurs joyeuses de la foule. Constraste navrant, qui aggravait la tristesse de ces funérailles !

[1] « La fin du pauvre abbé a été admirable et digne d'un prêtre fervent. Il n'a cessé de prier, même quand il nous paraissait n'avoir plus aucune connaissance. Son regard, fermé du côté de la terre, était demeuré ouvert du côté du Ciel. » *Lettre de M<sup>gr</sup> Chevalier* en date du 28 avril 1883.

# XVIII



Le rôle officieux du clerc national est moins connu, parce qu'il touchait en général à des matières confidentielles, et que les documents font défaut à ce sujet. Je trouve pourtant dans ma correspondance et dans ses papiers quelques notes intéressantes, qui vont nous permettre de le suivre dans des négociations difficiles auxquelles il fut mêlé.

Les décrets du 29 mars sur les congrégations religieuses amenèrent un refroidissement sensible dans les rapports de l'ambassade avec le Vatican. C'était inévitable. Le nouvel ambassadeur, M. Desprez, désirait prévenir une protestation solennelle du pape au prochain consistoire, et arriver à un arrangement amiable. Les congrégations religieuses ne voulant pas se faire autoriser parce qu'on leur imposait des conditions inacceptables, il fallait trouver un biais qui permît de sortir de l'impasse. Mgr Chevalier connaissait assez les hommes du gouvernement pour savoir qu'ils n'auraient jamais le courage d'avouer une faute et de rapporter ces odieux décrets ; il chercha donc une solution qui, en ménageant un peu l'orgueil des ministres, pût néanmoins sauver la situation. Invoquant la pratique suivie par le gouvernement en ce qui concerne les sociétés savantes, il montra qu'il y avait une différence capitale entre la simple autorisation d'exister, toujours facile à accorder, et la reconnaissance légale, qui implique la personnalité civile avec le droit de propriété, et ressuscite le spectre toujours menaçant de la main-morte qui épouvante si fort nos législateurs. Cette distinction, dans sa pensée, pouvait amener la paix.

C'est un journal catholique de Rome, le *Courrier d'Italie*, dans son numéro du 4 juillet 1880, qui nous révèle à ce propos le nom de Mgr Chevalier. Parlant de la distinction que le président du conseil, M. de Freycinet, avait faite dans son discours du 25 juin au Sénat, en disant que « la condition de la capacité civile pourrait être distincte de l'existence », ce journal ajoute : « Il y a en effet, pour toute association, une différence essentielle entre sa reconnaissance comme personnalité civile et la simple autorisation d'exister. Celle-ci est accordée très facilement en France, et elle n'exige point les formalités spéciales que les congrégations religieuses ont refusé d'accomplir pour ce qui est de la personnalité civile. Il pourrait donc se faire que, dans le cas où le gouvernement se bornerait à exiger la simple demande d'autorisation, elle fût demandée, en effet, par les congrégations qui ont refusé jusqu'à présent d'accomplir les formalités requises pour la personnalité civile, et cela précisément parce qu'elles ne tiennent pas, dans les circonstances présentes, à être reconnues comme corps moraux, aux conditions d'ailleurs inacceptables qui leur étaient imposées.

« La distinction dont nous venons de parler n'est pas l'œuvre directe de M. de Freycinet. Elle aurait été imaginée tout d'abord à Rome, si nous en croyons des informations très sérieuses, par un prélat distingué qui occupe ici la charge de clerc national pour la France, Mgr Chevalier, lequel aurait servi, à cet effet, d'intermédiaire officieux entre l'ambassade française et le saint-siège, lorsque, dans ces derniers temps, l'ambassade a dû suspendre les négociations relatives à la question des ordres religieux, par suite de l'opposition persistante qu'elle rencontrait de la part du saint-siège. »

Pour faciliter sur ces bases l'accord que semblaient promettre les paroles de M. de Freycinet,

les congrégations furent invitées par Léon XIII
à signer un acte par lequel elles déclaraient ne pas
être systématiquement hostiles à la forme du gouvernement français, et le vœu leur en fut transmis
par le cardinal de Paris et le cardinal de Rouen.
Malgré l'opposition de la presse, affectant de ne
voir dans cette pièce qu'un document apocryphe
et un piège tendu par le gouvernement, la plupart
des congrégations signèrent avec plus de résignation que d'entraînement cette déclaration peu
compromettante. L'une d'elles refusa nettement.
M<sup>gr</sup> Chevalier fut député par le nonce, le 15 septembre, pour l'amener à une résolution plus conforme au désir du saint-père, mais sans aucun
succès. Le monastère fut fermé, les religieux expul-
sés brutalement, et, après de longues années, ils
demeurent encore aujourd'hui dispersés dans le
village, errant mélancoliquement autour de l'abbaye
déserte. Les bénédictins de Solesmes avaient le
droit pour eux ; ils ont obéi à leur conscience en
luttant avec une indomptable énergie contre leurs
ennemis, qui étaient ceux de l'Église et de la liberté ;
ils se seraient inclinés sans nul doute devant le désir
du saint-père s'il avait insisté ; mais, dans l'incer-
titude, ils ont opté pour la résistance, et le gouvernement les a traités avec une exceptionnelle dureté.
On estimera peut-être qu'il eût mieux valu écouter
les sages conseils du vénérable archevêque de Paris.

qui, eux, n'étaient sûrement pas apocryphes ; mais pouvait-on soupçonner que la liberté serait en butte à de si longues et de si rudes épreuves ?

Les oratoriens avaient adopté une autre ligne de conduite. Quoique leurs collèges n'eussent pas encore été inquiétés, ils jugèrent prudent d'évacuer leur maison de la Galanderie, à Saint-Cyr, près de Tours, avant l'arrivée des exécuteurs du décret, et ils envoyèrent provisoirement une colonie des leurs à Rome, au mois de novembre, sous la direction du P. Olivier, un des assistants généraux de la congrégation. Leur premier soin fut de se mettre en relation avec le clerc national, qui voulut bien prendre part, les jours de congé, à d'intéressantes visites aux grands monuments de la Rome antique et de la Rome chrétienne, le forum, le Palatin, les catacombes, etc. L'enthousiasme des jeunes Pères croissait de jour en jour, et tous regrettaient hautement que l'Oratoire n'eût pas à Rome une procure, un séminaire, où les novices pourraient parachever leurs études classiques en pleine antiquité et compléter leurs études théologiques. Mgr Chevalier entreprit d'y pourvoir et négocia avec l'ambassadeur, M. Desprez, la cession aux oratoriens de notre église nationale, alors vacante, de Saint-Nicolas-des-Lorrains, près de la place Navone, avec le presbytère y attenant. Les noms du P. Pététot et de Mgr Perrault, évêque d'Autun, constituaient la plus haute recommandation ; aussi l'ambassadeur accueillit-il cette proposition avec faveur. La question était résolue en principe ; mais, au mois de janvier 1882, le Père général et le Père ministre, inquiets des menaces du présent et des incertitudes de l'avenir, crurent devoir décliner l'offre avantageuse qui leur était faite. On le regretta plus tard ; mais quand on voulut reprendre la négociation, il n'était plus temps, l'église de Saint-Nicolas ayant été concédée au cardinal Lavigerie pour ses Pères blancs d'Afrique. Ni Mgr Chevalier ni l'Oratoire ne s'en sont consolés. Le clerc national eût été heureux d'employer son crédit à Rome en faveur d'une congrégation si riche en hommes d'une haute valeur.

Quelques mois plus tard, Mgr Chevalier recevait la flatteuse mission d'aller, au nom du saint-père, porter à Mgr Boyer, évêque de Clermont, le pallium que Léon XIII lui accordait gracieusement pour reconnaître ses mérites personnels et la dignité historique de son siège. La cérémonie de la tradition de l'insigne sacré eut lieu dans la chapelle de l'évêché, le 9 juillet 1882, en présence du chapitre et de tout le clergé de la ville. Le clerc national prononça à cette occasion un éloquent discours dans lequel, après avoir rappelé les grands faits de l'Église d'Auvergne et célébré saint Grégoire de Tours, il signala les rapports qui existèrent au ve et au vie siècle entre le diocèse de Tours et celui de Clermont et se félicita d'être lui-même un nouveau lien entre les deux Églises dans une circonstance si solennelle et si glorieuse pour Mgr Boyer. L'évêque de Clermont répondit à ce discours en priant Mgr Chevalier d'accepter le titre de chanoine d'honneur de sa cathédrale, ajoutant que l'insigne Église de Clermont serait fière de s'attacher ainsi, en l'honorant autant qu'elle le pouvait, le délégué spécial du souverain pontife.

# XIX



M<sup>gr</sup> Chevalier, qui avait eu à souffrir plus d'une fois de l'oubli, de la jalousie et de toutes les mesquines passions des hommes, était porté d'instinct à user d'indulgence et de compassion envers ceux qui souffraient injustement. Il allait aux faibles pour les soutenir, aux malheureux pour les consoler, sans se préoccuper de savoir si sa conduite plairait ou déplairait, et quand il était persuadé qu'une cause était juste, il n'hésitait jamais à la plaider.

C'est ainsi qu'il fut amené à prendre en main la défense de M<sup>gr</sup> Bellot des Minières, contre lequel on avait essayé d'ameuter l'opinion dans son propre diocèse. Le pauvre évêque de Poitiers a été si cruellement outragé durant sa vie et après sa mort, que ses amis les plus intimes ont mieux aimé garder le silence que d'exposer sa mémoire à de nouvelles calomnies en entreprenant de le disculper. Mais s'il y a le temps de se taire, il y a aussi le temps de parler, et l'heure viendra sans doute où l'on pourra dire la vérité, toute la vérité sur ce que l'on a trop justement appelé « le scandale de Poitiers ».

J'ai entre les mains un dossier volumineux contenant les pièces du procès, des brochures, des mémoires, des lettres inédites et confidentielles de Mgr Bellot et de Mgr Gay ; j'ai tout lu avec un intérêt poignant ; j'ai suivi pas à pas, jour par jour, les négociations engagées à Rome, soit à l'ambassade, soit au Vatican, et, quoique je n'aie pas connu Mgr l'évêque de Poitiers, je n'hésite pas à dire qu'il a été, dans toute cette affaire, la victime d'une odieuse et criminelle machination. Ce qu'il a dû souffrir est inimaginable, car il faut rendre à ses ennemis cette justice qu'ils l'ont criblé de plaies, sans épargner ni son honneur, ni sa probité, ni sa moralité, ni sa famille, ni ses amis, ni rien de ce qui lui tenait au cœur par un lien quelconque. On voulait le perdre, on s'y était engagé : la guerre ne prendrait fin que si, de gré ou de force, on l'obligeait à quitter son siège ; et pour en venir à ce résultat, tous les moyens étaient bons. J'ai cherché dans la correspondance de Mgr Bellot un anathème, un mouvement de colère, un mot amer contre ses persécuteurs, je ne l'ai pas trouvé. « Je n'ai opposé que le silence, écrit-il, j'ai subi tous les outrages ; je les subis encore. *Nesciunt quid faciunt !* » Et ailleurs : « Toutes ces vilenies sont profondément attristantes pour un évêque qui n'a au cœur qu'une seule passion, l'amour de Notre-Seigneur Jésus-Christ et des âmes. Puisqu'il faut souffrir à la suite du divin Sauveur, j'adore les voies mystérieuses de la Providence ; mais il ne m'est pas défendu, en y cheminant, de vous dire comme le Maître à ses amis : Veillez et priez pour ce pauvre évêque. » (29 octobre 1882.)

Deux ans plus tard, c'est encore la même note : « Je ne comprends pas les passions au milieu desquelles j'ai à vivre et à remplir mon ministère de charité. Mais puisque Dieu permet qu'il en soit ainsi, il faut bien m'y résigner. » (9 août 1884.)

Le clergé de Bordeaux, qui assistait de loin à cette guerre sacrilège, ne comprenait pas non plus et ne comprend pas encore l'hostilité que rencontra Mᵍʳ Bellot dans son diocèse dès le jour de son installation. « C'était un prêtre très pieux et très bon, » dit l'abbé Naudet dans la biographie récemment publiée d'un de ses amis, auquel il emprunte les lignes suivantes : « Quand il (M. Bellot des Minières) allait par les rues, les petits enfants accouraient en foule le saluer, et lui saluait les petits enfants comme il eût fait à un grand seigneur.

Il était depuis quelques années aumônier d'un couvent de religieuses assez éloigné de sa demeure. Son itinéraire était toujours le même ; lui non plus ne changeait guère, et tout le monde avait remarqué sa soutane un peu râpée, son manteau légèrement démodé et son chapeau fort compromis aussi, à force de saluer les bonnes gens du quartier. Quand il passait, son journal à la main, on se mettait volontiers aux portes pour le voir, et je connais un excellent homme qui voulait fusiller tous les prêtres, mais qui se serait jeté au feu pour lui[1]. »

Le héros de l'abbé Naudet, prêtre comme lui, alla un jour visiter son ancien maître à Poitiers, et de là il écrivait : « Je cause de longues heures avec le cher évêque à qui Dieu a ménagé de bien rudes épreuves, mais dont la charité a triomphé de tout. Ce n'est pas qu'il ne souffre point au fond de son cœur. Il est de ceux qui ne sont pas heureux en ce monde. Mais il est, Dieu merci, de ceux qui savent se venger en faisant du bien, et qui oublient leurs propres blessures en pansant celles des autres[2]. » — « Voilà ce que pensait de M. Bellot des Minières, mort évêque de Poitiers, ajoute l'abbé Naudet, un de ceux qui l'ont le plus connu et qui l'ont vu de plus près. Ces pages, qui n'étaient pas destinées au public, n'en ont que plus d'autorité,

---

[1] *Une âme de prêtre.* — L'abbé Estève, pp. 11, 12.

[2] *Ibid.*, p. 9.

et on peut espérer qu'elles serviront ce que nous croyons être la grande cause de la justice et de la vérité[1]. »

Est-ce à dire que M<sup>gr</sup> Bellot, transporté dans un nouveau milieu, sur un siège encore tout éclatant de la gloire du cardinal Pie, n'ait pas commis quelques erreurs et qu'il faille tout admirer dans son premier mandement et dans son administration? Personne ne l'a prétendu. L'évêque lui-même, tout en protestant de la pureté de ses intentions, regrettait ce qu'il y avait eu d'inopportun dans ses décisions ou d'excessif dans sa parole; il eut été certainement plus habile et plus heureux si l'on n'avait pas mis à de si rudes épreuves son cœur naturellement bon et son tempérament très impressionnable. Il faut le plaindre, car il a été profondément malheureux, mais je plains davantage ceux qui l'ont torturé, soit en le calomniant, soit

---

[1] *Ibid.*, p. 8. A ce témoignage de M. l'abbé Naudet je puis ajouter celui de M<sup>gr</sup> Guilbert, archevêque de Bordeaux. Je l'emprunte à une lettre tout intime, datée du mois d'octobre 1883 : « Depuis que je suis à Bordeaux, tout le monde, prêtres, laïques, chrétiens, dames pieuses, gens du monde, administrateurs, m'a entretenu de l'évêque de Poitiers avec indignation contre ses infâmes calomniateurs. A l'exception de trois ou quatre personnes qui n'ont pas osé m'en parler, il n'y a qu'un cri sur la parfaite *irréprochabilité* de M<sup>gr</sup> Bellot; pendant vingt-cinq ans il a été ici l'objet du respect, de l'estime et de l'affection générale. Ce qu'on lui a fait constitue la plus grande *scélératesse* (*sic*) qui ait été commise en notre siècle sous le voile de la religion... »

en remplissant auprès de lui le rôle du plus méprisable des fils de Noé. C'est du scandale de Poitiers que date la guerre ouverte contre la plupart de nos évêques de France.

Mgr Bellot des Minières, comme beaucoup de ses collègues, avait eu recours au clerc national pour le prier de s'intéresser à une cause litigieuse pendante devant la congrégation du concile, et, en reconnaissance de ses bons offices, il lui avait envoyé, à la date du 28 octobre 1882, des lettres de vicaire général honoraire. Il lui écrivait : « Vous êtes obligé maintenant à veiller et à prier pour moi mieux que par le passé. » L'occasion de remplir ce devoir ne tarda pas à se présenter.

Le journal parisien *le Gaulois*, précisément à la même date, publiait un odieux article contre les poésies de Mgr Bellot, qu'il déclarait immorales et scandaleuses, en appuyant cette accusation de nombreuses citations. L'article fut répandu à profusion, non seulement dans tout l'épiscopat de France, mais aussi à Rome chez les cardinaux et les prélats et dans la colonie française. La stupeur fut grande à l'ambassade, et l'on s'attendait à des mesures de rigueur envers le malheureux évêque, que tout semblait accabler.

Le clerc national seul ne désespéra pas. Habitué dans certaines polémiques à rencontrer de la mauvaise foi, il soupçonna là une horrible machination ourdie par les ennemis déclarés du prélat, et il s'attacha à la démasquer en comparant les textes avec l'accusation. Il ne lui fut pas difficile de constater d'un bout à l'autre une évidente perfidie de procédés. Le critique du *Gaulois* avait découpé adroitement, artificieusement, quelques passages obscurs, les avait isolés du contexte qui les explique, encadrés de commentaires malveillants et d'insinuations détestables; puis il était allé chercher à quatre-vingts pages et même à cent soixante-dix pages plus loin quelques vers détachés qu'il avait soudés aux premiers comme en étant la suite. Il était ainsi parvenu à leur donner un sens qu'ils n'avaient point, parfois même un sens diamétralement opposé à celui qu'ils présentaient naturellement.

Mgr Chevalier entreprit la réfutation du *Gaulois*, tâche facile, car il suffisait de comparer les textes sincères avec les textes mensongèrement altérés. La mauvaise foi du critique en ressortait avec évidence. Ce mémoire, déposé à l'ambassade avec les volumes incriminés, fut transmis au cardinal Jacobini, secrétaire d'État, puis au saint-père. La lumière était faite, et l'évêque s'en aperçut à l'accueil bienveillant qu'on lui fit à la fin de novembre. Bien plus, Léon XIII ordonna l'impression du mémoire, et l'opuscule parut sous ce titre : *Les poésies de Mgr Bellot des Minières,*

*évêque de Poitiers. Simples notes d'un critique.*
Rome, imprimerie Befani, 1882, avec l'*imprimatur* du maître du sacré Palais apostolique. Ainsi
le pape laissait imprimer à Rome la justification
des vers que le *Gaulois* déclarait licencieux, et
personne, ni dans le Poitou ni ailleurs, n'eut l'idée
de répliquer à cette démonstration péremptoire[1].

L'apaisement se fit peu à peu, et quand l'évêque
de Poitiers retourna à Rome pour sa seconde visite
*ad limina*, au mois de février 1888, il reçut de la
bienveillance du saint-père les titres de comte
romain et d'assistant au trône pontifical, honneurs
destinés à éteindre les dernières hostilités. Dans sa
joie, Mgr Bellot voulut que le premier acte exercé
par lui avec ces dignités nouvelles fût un acte
gracieux en faveur du clerc national, et le 8 mars
il nomma Mgr Chevalier chanoine d'honneur du diocèse de Poitiers. Ce titre devint caduc, Mgr Bellot
étant mort subitement à Paris quelques jours plus

[1] Ces pauvres poésies ne méritaient, il faut l'avouer, ni cet
excès d'honneur ni cette indignité. En dépit de M. Fertiault qui
les présente au public avec des éloges trop peu mesurés dans
une emphatique introduction qu'il appelle un *proème*, il m'a été
impossible de les lire. Les jeunes gens ont grand tort de dépenser
les prémices de leur intelligence et de leur cœur à de pareilles
compositions qui affadissent leur talent et les habituent à vivre
dans le monde des rêves. Ce qui m'a inspiré pour Mgr Bellot des
Minières une respectueuse sympathie, ce ne sont pas ses poésies
de jeune homme, mais ses lettres qui le révèlent sous un tout
autre aspect.

tard, avant d'avoir expédié les lettres; mais
Mgr Jutean l'a renouvelé le 13 février 1890.

Après avoir travaillé avec succès à la pacification
d'un diocèse, Mgr Chevalier eût été heureux de
contribuer, s'il était possible, à l'apaisement général
en France. Les circonstances lui permirent de
tenter quelques efforts de ce côté.

Il avait connu M. Grévy à Tours, en 1870,
lorsque la plupart des hommes politiques se grou-
paient autour du gouvernement provisoire pour le
contenir et l'empêcher de faire trop de folies. La
mission d'historiographe de *Tours capitale* qu'il
avait acceptée, lui permettait de pénétrer dans ce
milieu, d'y aller chercher des nouvelles et de s'y
faire apprécier. M. Grévy, qui eut l'occasion de le
revoir un peu plus tard à Chenonceau, fut frappé
de sa haute valeur, et, après son élection à la présidence, il l'accueillit toujours à l'Élysée, quand
il s'y présenta, avec une grande bienveillance.
Mgr Chevalier n'était pas un homme politique, il
se tenait en dehors des partis, sans attacher une
extrême importance à cette question de la forme
du gouvernement qui divise en France tant de bons
esprits, — non pas que la question ne lui parût
grave et de nature à passionner; mais ayant vécu
toute sa vie dans un autre monde où ses études
l'avaient entraîné, monde pacifique et tranquille.

il n'éprouvait pas le besoin de se jeter dans la mêlée des partis politiques, à moins d'un intérêt puissant pour les causes qu'il tenait à défendre. Ses idées étaient conformes en tout point à celles de Léon XIII, dont il admirait la sagesse, parce qu'au rebours de ce qui se passe autour de nous, il comprenait le sens et la portée de ses conseils et ne confondait pas ce qui ne doit pas être confondu, le pouvoir et la législation. Le pouvoir, il le respectait; la législation, il la jugeait souvent détestable; les hommes, il les estimait à leur valeur. Et pourtant, je dois le dire, il était plus indulgent que beaucoup d'autres pour le président Grévy, dans un temps où n'avaient pas éclaté les scandales qui ont précipité sa chute. A ses yeux, M. Grévy était un esprit droit, modéré, libéral, qui n'abondait point, tant s'en fallait, dans la politique anticléricale inaugurée par Gambetta. Il blâmait ouvertement les taquineries et les hostilités du gouvernement contre l'Église, mais sans avoir la force d'aller plus loin. Mgr Chevalier pouvait donc discuter avec lui toutes les difficultés pendantes, et emportait toujours à Rome, avec les hommages du président pour le pape, l'assurance qu'aucune nomination épiscopale ne serait faite sans concert préalable avec la nonciature, et que le concordat serait interprété avec moins d'injustice et plus de bienveillance.

Léon XIII était informé de ces dispositions personnelles du président, non seulement par le clerc national, mais aussi par un certain nombre d'évêques qui entretenaient des relations courtoises avec l'Élysée. Quand la situation se tendit entre le Vatican et Paris, au printemps de 1883, à l'occasion de l'application déloyale du concordat, le pape résolut d'écrire directement à M. Grévy et de faire appel à tous ses bons sentiments pour le rétablissement de la paix. Mais comme cette démarche était, paraît-il, peu correcte au point de vue constitutionnel, il était prudent de tâter le terrain. Mgr Chevalier fut chargé de cette mission délicate, et, en annonçant à l'Élysée, le 1er juin, l'envoi prochain de la lettre pontificale, il supplia le président d'intervenir avec toute la haute autorité dont il disposait, mettant sous ses yeux les graves raisons politiques qui militaient en faveur de l'apaisement dans les questions religieuses : « Avec la persécution, disait-il, la France perdra le droit d'agir auprès du pape par voie de conseils bienveillants, l'Allemagne prendra sa place et finira par germaniser toute l'Italie. » Le 11 juin, le président lui fit répondre « qu'il accueillerait avec la plus grande déférence la lettre que Sa Sainteté se proposait de lui adresser, et qu'il s'efforcerait de donner satisfaction aux vœux qui y seraient contenus. »

Informé de cette réponse, le saint-père s'empressa, le 14 juin, d'expédier sa lettre à la non-ciature, une lettre fort longue, d'environ quinze pages, en italien, dans laquelle Léon XIII reprend tous les incidents de la question religieuse en France depuis l'exécution des décrets contre les congrégations, et termine en faisant appel à toute la sagesse de M. Grévy. Le ton général de ce mémoire est cordial et même affectueux.

La réponse désirée tardant à venir, Mgr Chevalier partit pour Paris, le 25 juillet, et aborda aussitôt l'Élysée, les affaires étrangères et les cultes, pour presser l'expédition. Le président avait agi, et, pour donner au Vatican un gage de bonne volonté, le ministère avait ordonné la restitution de tous les traitements ecclésiastiques, mais *sans bruit*, pour ne pas éveiller la susceptibilité de certains personnages politiques qui poussaient M. J. Ferry. Le président se montra disposé à faire tout le possible, dans les limites de ses attributions personnelles, pour amener la paix entre l'Église et l'État. Toutefois il se plaignit de l'attitude agressive d'une partie notable du clergé, — comme jadis le loup de l'agneau. Sans doute ces torts n'étaient pas tous bien graves, il le reconnaissait, mais ils fournissaient un aliment aux passions politiques qui ne cherchent qu'un prétexte plus ou moins spécieux pour attaquer l'Église, et créaient ainsi dans le parlement, dans la presse, dans le pays, un courant d'opinion plus ou moins factice que le gouvernement ne pouvait plus diriger. En conséquence, M. Grévy, tout en protestant de son bon vouloir et de sa plus grande déférence, suppliait le saint-père de vouloir bien employer son autorité pour calmer certaines ardeurs intempérantes et imposer au clergé une attitude plus correcte et plus prudente. Tel était le sens général de la lettre du président. Le texte de cette pièce a été publié par le *Temps* le 7 janvier 1892.

Le ministère tremblant toujours devant une interpellation, on avait attendu les vacances des chambres pour prendre les mesures réparatrices et expédier la réponse à Rome. Toutefois le clerc national en avait informé officieusement M. Lefebvre de Béhaine, et l'ambassadeur avait pu calmer l'impatience un peu anxieuse du Vatican. Enfin la réponse arriva à Rome, et M. de Béhaine la remit à Léon XIII, le 7 août.

Cette démarche ne produisit qu'une paix transitoire. Le ministère, débordé par les passions de la Chambre, n'était plus le maître de la situation, et, en reprenant les hostilités contre l'Église, cédait à une poussée extérieure. Mais Léon XIII avait rempli son rôle de pacificateur, et Mgr Chevalier ne pouvait que s'applaudir d'avoir été associé de loin à cet acte important.

# XX



Les relations et les affaires n'absorbaient pas
tellement M<sup>gr</sup> Chevalier, qu'il ne trouvât encore
beaucoup de temps pour les travaux littéraires.
Il fréquentait assidûment deux bibliothèques publiques, l'*Angelica* de Saint-Augustin et la *Casa-
nata* de la Minerve, où il s'était assuré d'un cordial
accueil. Ces riches dépôts avaient été confisqués
en 1870 comme bien national par le gouvernement
de Victor-Emmanuel ; mais, par une de ces *com-
binaisons* ou compromissions familières au génie
italien, l'administration en avait été laissée aux
religieux dépossédés. Les augustins et les domini-
cains étaient toujours là, servant les lecteurs, veil-

lant avec amour sur ce trésor pour le compte du larron, et trouvant sans doute une douceur amère et une chère illusion dans ces modestes fonctions. C'est là que le clerc national a pu étudier avec fruit l'œuvre entière de M. J.-B. de Rossi, — œuvre si considérable qu'elle semble dépasser les forces d'un homme, — et le *Bulletin archéologique municipal de Rome*, de manière à bien connaître toutes les grandes découvertes faites dans la ville depuis trente ans.

Les monuments de l'antiquité chrétienne l'attiraient particulièrement. Il se fit le disciple de l'éminent archéologue romain et il le suivit dans ses visites et ses savantes leçons aux catacombes. Il ne tarda pas à connaître assez bien quelques-uns des cimetières sacrés pour être capable d'en faire lui-même, en écho fidèle du maître, la démonstration à ses amis de Touraine ou à des pèlerins d'élite. Il fut quelquefois sollicité d'y conduire des protestants, pour prouver à nos frères séparés que certains dogmes repoussés par eux trouvent leur expression manifeste dans les peintures et les inscriptions les plus anciennes. Ces conférences, appuyées de documents palpables, paraissaient toujours produire un grand effet sur les auditeurs.

Mais ce qui fascinait le plus Mgr Chevalier, c'étaient les vieilles basiliques, surtout celles qui remontent au IVᵉ, au Vᵉ et au VIᵉ siècle. Il était

persuadé que le clergé de Touraine aurait un jour
à dire son mot sur la question du tombeau de saint
Martin, et, sans soupçonner encore la part que la
Providence lui réservait dans cette œuvre, il rêvait,
au lieu d'une église romane du xi° siècle, une
basilique qui reproduisît autant que possible celle
de saint Perpet. Il étudia donc à fond le style basi-
lical, afin d'en parler avec compétence quand l'heure
serait venue. Il avait trouvé, dans les visiteurs de
Touraine, surtout les architectes et les artistes, des
admirateurs aussi enthousiastes que lui pour ces
formes antiques, si simples et pourtant si nobles,
et il était assuré d'avoir en eux de chauds appro-
bateurs du projet qu'il nourrissait en secret.

Je ne trouve point trace dans sa correspondance
d'autres travaux accomplis à Rome, sinon une
courte note sur les conséquences de la dénonciation
du concordat et la séparation de l'Église et de
l'État. Le marquis de Gabriac, l'ancien ambassadeur près du Vatican, avait publié sur cette question un excellent article dans le *Correspondant*,
et il avait demandé au clerc national de lui donner
là-dessus son avis motivé. Aux raisons puissantes
alléguées pour le maintien du concordat, Mgr Chevalier en avait ajouté quelques autres pour démontrer que la *désaffectation* des églises n'était pas
*loyalement* possible, la plupart des édifices sacrés

étant antérieurs, *comme fondation*, au milieu du
xive siècle, et échappant, par conséquent, à cette
collectivité administrative qu'on appelle l'État, la
province ou le département. Les églises ont été
bâties par les communautés catholiques, aidées par
les seigneurs locaux ou par les abbayes, et elles
appartiennent toujours aux communautés catholiques. Ni l'État ni les départements ne peuvent
en revendiquer historiquement la propriété. M. de
Gabriac jugea cette démonstration très forte et lui
fit les honneurs de son beau livre : *L'Église et
l'État*. Mais que valent les meilleurs titres historiques ou juridiques aux yeux des jacobins et des
sectaires?

Ses amis de Rome, à l'ambassade et dans les
établissements français, le pressaient depuis deux
ans de poser sa candidature comme correspondant
de l'Académie des inscriptions, et de la préparer
en autorisant la publication d'une notice biographique et littéraire que l'un d'eux se proposait de
rédiger. Ses amis de Touraine, mieux inspirés,
blâmaient cet excès de zèle et, tout en estimant
que Mgr Chevalier ferait bonne figure à l'Institut,
suppliaient le biographe de s'abstenir. La brochure
était à demi faite, et je puis le dire, car elle m'a
été communiquée, très bien faite, lorsque le principal intéressé déclara formellement qu'il s'opposait

à la publication, « ne voulant pas, disait-il, qu'on lui donnât ce ridicule. » Il consentit toutefois, après beaucoup d'hésitation et de fréquents assauts de la part de ces mêmes amis, à revoir tous ses livres, ses mémoires, ses rapports, ses articles de journaux, à les classer, à les analyser, et à refaire ainsi l'histoire de sa vie laborieuse, en dressant l'inventaire *à peu près* complet de ses œuvres. Cet inventaire fut imprimé au mois de septembre 1882 sous le titre suivant : *Tableau analytique des travaux et publications de M<sup>gr</sup> C. Chevalier ;* quatre-vingt-seize pages, deux cent trente et un numéros. Il en fit hommage à quelques intimes, à ses collègues des sociétés savantes, à ses correspondants littéraires, aux évêques qu'il avait connus à Rome ou ailleurs, et, cette satisfaction donnée à des conseils qui flattaient un peu l'amour-propre, il ne songea plus à briguer les faveurs de l'Institut.

Dans une autre circonstance il eut la sagesse de se refuser à la rédaction d'un travail beaucoup plus intéressant pour l'histoire de l'Église au XIX<sup>e</sup> siècle. Il s'agissait d'écrire un ouvrage sur le concile du Vatican.

Pendant le concile, les évêques français de la minorité se réunissaient régulièrement d'abord chez M<sup>gr</sup> Grimardias, évêque de Cahors, puis chez l'archevêque de Paris, sous la présidence du cardinal

Matthieu, archevêque de Besançon. Dans ces réunions, les évêques discutaient toutes les matières à l'ordre du jour, et prenaient des délibérations de manière à marcher toujours complètement d'accord. Il y avait aussi des réunions plénières de la minorité chez le cardinal Rauscher, archevêque de Vienne, où se rencontraient les prélats français, allemands, hongrois, anglais, américains et italiens. Les procès-verbaux des séances françaises avaient été tenus avec beaucoup d'exactitude par Mgr Colet, alors évêque de Luçon, approuvés et signés de tous les membres présents à la fin de chaque réunion. L'original fut déposé entre les mains de Mgr Rivet, évêque de Dijon, et une copie authentique en fut laissée à Mgr Colet, avec faculté pour les intéressés d'en faire prendre d'autres copies. A ce registre, on pouvait ajouter d'autres documents, entre autres un compte rendu des séances du concile, rédigé jour par jour dans la nuit suivante par Mgr Ramadié, alors évêque de Perpignan, et depuis mort archevêque d'Albi. Ce compte rendu, assure-t-on, est complet et très bien fait; c'est comme une photographie des séances.

On comprend sans peine l'importance de ces registres, tant pour l'histoire complète du concile que pour l'honneur des évêques opposants. Quelques-uns de ces évêques, dont la soumission fut si prompte, si simple et si entière, désiraient vivement que leur attitude, si souvent dénaturée par les journaux du temps, fût présentée au public dans toute sa vérité, et que la pureté de leurs intentions, dans la lutte qu'ils avaient soutenue, ne fît doute pour personne. Ils appréciaient le talent du clerc national, la pénétration de son esprit, l'élégance de son style, la clarté de son exposition, en un mot toutes les qualités de l'écrivain, et l'un d'eux lui proposa d'écrire l'histoire de la minorité conciliaire, avec le registre de M<sup>gr</sup> Colet.

C'était une tâche bien délicate. M<sup>gr</sup> Chevalier ne l'accepta pas. Il trouvait à juste titre inopportun de toucher à des questions souverainement résolues et toujours irritantes, personne ne mettant en doute ni la bonne foi des opposants, ni la sincérité de leur soumission aux décisions du concile, et dès lors l'honneur de la minorité demeurant intact. Le projet fut donc abandonné et le registre de M<sup>gr</sup> Colet réintégré en 1887 dans les archives de l'archevêché de Tours.

La notoriété de M<sup>gr</sup> Chevalier lui avait attiré beaucoup de correspondances, dont l'histoire locale, les monuments et les familles d'origine tourangelle faisaient généralement l'objet. Il s'empressait de répondre à tous et de mettre ses notes à la disposition de ceux qui le consultaient. « Quel moyen, lui écrivait M. Rohault de Fleury, de s'occuper

des monuments de Touraine sans avoir recours à
vous? » De ces communications multiples je n'en
veux retenir que deux, à cause de leur intérêt spécial. Mgr L. de Goesbriand, originaire du diocèse
de Quimper, évêque de Burlington (États-Unis),
un diocèse tout peuplé d'Irlandais, étant à Rome
pour son pèlerinage *ad limina*, en 1879, alla
demander au clerc national des renseignements sur
la floraison, au milieu des rigueurs de l'hiver, de
l'épine noire de saint Patrice en Touraine, en souvenir, d'après les traditions locales, du passage en
ce lieu de l'apôtre de l'Irlande. M. Chevalier, après
avoir vérifié par lui-même le fait de la floraison
dans l'hiver de 1850, l'avait publié, et le P. Mor-
ris, oratorien de Londres, avait reproduit ce récit
dans sa *Vie de saint Patrice*. Le même auteur est
revenu depuis sur la question, et, dans le numéro
de janvier 1883 de la *Dublin Review*, a inséré un
article important sur les relations de saint Patrice
et de saint Martin, d'après l'*Histoire de Marmoutier* de dom Martène et le *Cartulaire de l'abbaye
de Noyers*. Le docteur Werner Soderhjelm, professeur agrégé à l'université d'Helsingfors, après
avoir assisté, en 1890, aux fêtes jubilaires de l'université de Montpellier, vint à Tours s'entretenir
avec Mgr Chevalier des sources de l'histoire de
saint Martin, pour préparer une édition critique
du poème martinien de Péan Gatineau. Le savant

professeur avait déjà publié une partie de ses recherches en 1891 et avait fait hommage de son livre à notre historiographe. N'est-il pas curieux de voir un homme de lettres, au fond de la Finlande, s'adonner à l'étude de notre littérature tourangelle du xiiᵉ siècle, et publier dans ses déserts glacés une *Vie de saint Martin?*

Je ne dirai rien des articles, d'ailleurs assez courts, que le clerc national a publiés çà et là depuis 1880. Ce sont pour la plupart des notices nécrologiques consacrées à ses amis, des comptes rendus bibliographiques d'ouvrages intéressant la Touraine, des inscriptions monumentales et des recherches sur nos saints et nos pèlerinages. Ses travaux hagiographiques étaient toujours communiqués aux bollandistes, qui les avaient réclamés.

Tout absent qu'il fût de la Touraine, Mᵍʳ Chevalier ne perdait pas de vue la restauration du château de Chenonceau, et ses études comparatives sur les palais et les villas de l'Italie lui montraient de plus en plus les différences considérables qui séparent la Renaissance française de la Renaissance italienne. Il veillait donc avec un soin jaloux à ne pas laisser altérer le style de ce pur chef-d'œuvre. Sa connaissance approfondie de l'histoire du monument, de ses restaurations antérieures, des devis anciens et des réceptions d'ouvrages, lui permettaient de donner des avis utiles pour la décoration. Sans contester le mérite et le talent de l'architecte Roguet, ni le goût artistique de M^me Pelouze, il faut reconnaître que M^gr Chevalier a pris une part très importante à la résurrection de l'œuvre de Thomas Bohier. « Le temps, disait la *Gazette de France* du 10 juillet 1883, n'avait pas épargné cette somptueuse demeure : quoique bien moins qu'ailleurs, il y avait pourtant exercé ses ravages; il s'agissait de les réparer. L'abbé Chevalier fut chargé de ce soin, et il s'en est acquitté avec tant d'habileté, que, du jour où son heureuse étoile l'a eu transporté sous d'autres cieux et sur d'autres rivages, on a pu dire avec raison que la restauration de Chenonceau était, non point précisément arrêtée, mais à la veille d'être compromise... Il était à craindre que ses travaux ne fussent perdus pour notre pays, ou, pour mieux dire, que ses nouvelles fonctions politico-religieuses ne l'empêchassent de s'occuper d'études qu'il a si bien utilisées au profit de notre histoire nationale. Des hommes comme lui ont heureusement du temps pour tout. »

Il y a sans doute quelque exagération dans cet article de la *Gazette*, mais il y a aussi beaucoup de vrai. Dans un des cahiers du savant historiographe, à la date du 13 janvier 1890, je trouve une note qui vient ici à point et que je transcris textuellement : « Je puis le dire maintenant : je revendique une large part dans l'inspiration des travaux d'art qui ont eu pour but de restituer au château sa physionomie primitive de Renaissance française ; mais j'ai toujours combattu les idées du peintre Ch. Toché, qui n'a vu dans les galeries que de vastes surfaces à couvrir de ses peintures criardes. Ces derniers travaux, qui pendant les dix dernières années ont englouti des sommes fabuleuses, n'ont pas peu contribué à la ruine de la maison. »

Quoi qu'il en soit, il était nécessaire de décrire ces beaux travaux, qui émerveillaient tous les visiteurs. Ce fut l'objet d'une nouvelle brochure in-8°, *Restauration de Chenonceau*, 1864-1878, tirée à six cents exemplaires pour être distribuée aux artistes et aux maîtres ouvriers qui avaient coopéré à cette œuvre de rajeunissement. L'auteur visite méthodiquement le château, le décrit en amateur doublé d'un technicien, et fait connaître par le menu tous les travaux entrepris pour lui rendre son aspect primitif, sans négliger de noter le nom des habiles coopérateurs de cette résurrection. C'est une page précieuse pour l'histoire des arts en Touraine au XIXe siècle. Le nom magique de Chenonceau et l'émulation entre les divers ateliers ont été pour tous, artistes et ouvriers, une cause très appré-

ciable de perfectionnement, et pour l'œuvre elle-
même une garantie d'excellente exécution. Chacun
était fier de mettre la main à un monument historique que l'Europe entière connaît et admire, et
s'appliquait à faire mieux que son compagnon. Cet
ensemble d'efforts a provoqué un progrès sensible
dans toutes les branches des arts et métiers, et à ce
point de vue les multiples ateliers de Chenonceau
ont été un bienfait pour toute la région. Le château
a été de nos jours comme un de ces centres artistiques de la Renaissance, qui étendaient leur influence
sur toute une province[1]. Malheureusement il a été
en même temps le foyer d'une politique qui a
trop efficacement contribué à la préparation et au
développement de l'état de choses actuel, et ce fut
pour Mgr Chevalier la cause d'une peine d'autant
plus vive, qu'il se croyait tenu à ne pas dire tout
haut ce qu'il confiait tout bas à ses amis dans l'intimité. Le souvenir de la bienveillance personnelle
qu'on lui avait témoignée ne l'aveuglait en aucune
façon; il voyait très clair, il jugeait de sang-froid
les personnes et les choses avec plus de justice que
bien d'autres, blâmant ce qui était blâmable, excu-
sant ce qui pouvait l'être, et n'usant de son influence
que pour donner de sages conseils qui n'étaient pas
écoutés.

[1] L'ensemble de la dépense totale, à la fin de l'année 1878, ne
montait pas à moins de un million cinq cent mille francs.

On lui a reproché ses visites à Chenonceau, on a créé de toutes pièces une légende qui fut acceptée de bonne foi par d'excellents esprits, on en a fait l'hôte habituel du château, le précepteur de M. Wilson[1],... que sais-je ? On l'a calomnié. Depuis sa retraite, en 1869, il n'a fait à Chenonceau que de rares apparitions dont je pourrais dire le nombre, si je prenais le temps de consulter son journal, car il notait tout, le moindre déplacement, une invitation à dîner, une lettre mise à la poste. Ses visites étaient toujours justifiées. Une ou deux fois il accepta de séjourner quelques semaines, en l'absence des châtelains, après les graves secousses qui avaient ébranlé sa santé. Être seul, être libre, respirer l'air des champs dans cette vallée du Cher, qu'il avait tant de fois parcourue en des temps meilleurs, c'était une tentation à laquelle il n'eut pas le courage de résister. D'autres fois il était appelé à donner son avis sur les restaurations à entreprendre ou à corriger, ou bien il avait à consulter pour ses livres la bibliothèque et les archives, et on l'y accueillait avec empressement ; mais sauf une ou deux circonstances, où sa présence coïncida, par un pur hasard, avec je ne sais quelles fêtes, il n'alla revoir ce vieux château dont il était l'historien que dans l'intérêt de ses études ou de sa santé. Et puisque

---

[1] Notez que M. Wilson avait vingt-quatre ans quand M. Chevalier le vit pour la première fois.

je suis entraîné sur ce terrain délicat, j'ajouterai un mot qui étonnera sans doute ceux qui ont incriminé ses relations avec le député de Loches : Mgr Chevalier était fort discret; il ne faisait appel au crédit de M. Wilson ni pour lui, ni pour les siens, ni pour aucun de ses amis. On m'a parlé cependant d'une supplique qu'il a fini par apostiller, après des refus successifs, en faveur d'un client de son ancien maître et ami, M. Mardelle, et je suppose, sans le savoir, qu'il a dû rendre le même service à un digne et saint évêque qui le lui demandait. Il s'agissait des intérêts d'une communauté religieuse à sauvegarder. On voit donc qu'il faut se défier des jugements de l'opinion et ne les accepter, en général, que sous bénéfice d'inventaire.

L'une des dernières visites, — sinon la dernière, — de Mgr Chevalier à Chenonceau, fut employée à dresser l'inventaire des objets d'art, des meubles et des tableaux du château. Les portraits historiques, au nombre de plus de deux cents, furent catalogués et décrits d'après un plan nouveau, l'indication de chacun d'eux étant accompagnée du portrait physique et moral du personnage, tel que nous l'ont transmis ses contemporains. Ce travail s'achevait à peine, lorsque les enchères dispersèrent tous ces trésors accumulés depuis le xvi<sup>e</sup> siècle.

Entre temps, la princesse Augustin Galitzin, qui

avait passé toute sa jeunesse à Chenonceau près de son grand-père, le comte de Villeneuve, fut invitée à venir au château avec deux de ses fils, Borys et André, pour y redire sur place les souvenirs et les traditions du xviii<sup>e</sup> siècle légués à sa famille par M<sup>me</sup> Dupin. Ce fut un séjour douloureux et consolant à la fois, car c'étaient des adieux.

La pauvre princesse céda à M<sup>me</sup> Pelouze, au tarif de la charité, les dernières reliques qui lui restaient de Chenonceau, des tableaux, des objets d'art, des autographes, entre autres quatre-vingt-huit lettres inédites de George Sand; et quand, avec ces ressources inespérées, elle eut liquidé sa situation à Paris, elle s'empressa de partir pour la Russie, au commencement de février 1883, fuyant la France où la menaçait une catastrophe imminente, la mort mystérieuse de sa fille la duchesse de Chaulnes (16 février). Elle-même s'éteignit à Saint-Pétersbourg dans les premiers jours d'avril 1885, à l'âge de soixante ans, bénissant de loin celui qui avait été, à vingt ans de distance, le conseiller des jours heureux et le consolateur des heures critiques.

Chenonceau allait être, à son tour, durement frappé. Grevé de dettes considérables, il fut saisi, vendu judiciairement et adjugé le 2 février 1889 pour quatre cent dix mille francs au Crédit foncier, créancier hypothécaire pour près d'un million.

M<sup>gr</sup> Chevalier avait consacré trente années de sa

vie à explorer les archives de ce château, à composer son histoire, à le restaurer et à inscrire son nom sur ces pierres historiques. Un pareil désastre ne pouvait pas le laisser indifférent. Il en fut désolé.

# XXI



Lorsque M<sup>gr</sup> Meignan vint à Tours, à la fin de
mai 1884, l'Œuvre de Saint-Martin traversait une
crise dont le clergé du diocèse et tous les fidèles
redoutaient l'issue.

On sait qu'en 1861 M<sup>gr</sup> Guibert avait ouvert une
souscription en Touraine et provoqué des quêtes
dans toute l'Église de France pour relever le sanctuaire du grand thaumaturge des Gaules. En même
temps, il avait institué près de lui une commission
« pour l'aider par ses lumières et par son zèle dans
la conduite de cette grande et importante entreprise ». Les deniers furent d'abord recueillis à l'archevêché et placés en bonnes valeurs par les soins

de M. le chanoine Verdier, ou employés à l'achat des maisons nécessaires pour la construction de la future basilique [1]; puis, l'horizon politique s'étant assombri à la fin de l'année 1880, Mgr Colet jugea bon, sur l'avis de la commission, de faire vendre ces fonds, de les convertir en consolidés anglais et de les déposer à la Banque d'Angleterre sous son nom et celui de trois hommes des plus honorables, désignés par lui. Mais, à la mort de Mgr Colet, l'administrateur de la mense archiépiscopale, M. Godard, chef de division à la préfecture d'Indre-et-Loire, à qui l'on avait remis l'état des maisons appartenant à l'Œuvre, voulut aussi connaître des deniers, quêtes et offrandes, recueillis pour la construction de la basilique, et, sur le refus du trésorier de l'Œuvre de livrer ses registres et sa caisse, il l'assigna, le 1er mai 1884, à comparaître devant le tribunal de première instance de Tours.

L'affaire en était là, quand Mgr Meignan prit possession de son siège. En lui expédiant ses bulles, le 17 mai, le ministre l'informait d'une part que M. Godard n'avait pu encore dresser l'état de l'actif et du passif de la mense, et d'autre part que la

[1] Plus tard toutes ces acquisitions, faites au nom d'une tontine reposant sur quatre têtes, furent rétrocédées à Mgr Fruchaud pour la mense archiépiscopale de Tours, mais avec affectation spéciale à la construction de l'église Saint-Martin. (*Mémoire historico-juridique*, pp. 14, 15.)

mense étant en possession d'une quantité considérable de biens de main-morte, il y avait lieu de transformer ces immeubles en rentes nominatives ; en conséquence, les fonctions du commissaire provisoire ne devaient prendre fin qu'au moment où la double action judiciaire et administrative aurait reçu une solution.

Mgr Meignan invoqua l'article 45 du décret du 6 novembre 1813, en vertu duquel l'administration provisoire de la mense devait se terminer à la prise de possession du siège, et s'opposa à la prorogation des pouvoirs de M. Godard. Celui-ci n'en fut pas moins maintenu dans ses fonctions par un nouvel arrêté ministériel du 9 juin 1884. Un décret du 5 juillet l'autorisa même à poursuivre judiciairement les détenteurs des deniers de Saint-Martin, et à aliéner aux enchères publiques tous les immeubles appartenant à la mense et ne concourant pas directement au but en vue duquel cet établissement a été reconnu.

Ainsi pressé, Mgr l'archevêque, sur le conseil d'éminents jurisconsultes, écrivit au ministre le 7 juillet, pour présenter ses observations contre l'exécution de ce décret. En même temps, comme l'exécution était inévitable, il proposa un projet de transaction consistant à élever un sanctuaire sur le tombeau de saint Martin, le long de la rue Descartes, avec une chapelle de catéchismes et un presbytère, le tout rattaché à la paroisse de Saint-Julien à titre de chapelle de secours. Le ministre agréa l'idée d'une chapelle de secours; mais par dépêche, en date du 28 août, il donna l'ordre au préfet d'Indre-et-Loire de poursuivre sans délai l'aliénation des immeubles de la mense, d'arrêter toute instruction relative à l'érection de la chapelle de secours, tant qu'on n'aurait pas obéi strictement au décret du 5 juillet, et enfin de prendre des mesures pour que l'action en revendication des biens mobiliers de la mense fût plaidée dès la rentrée des tribunaux.

Telle était la situation au commencement du mois de septembre 1884.

Au milieu de ces difficultés s'aggravant chaque jour, quel était le devoir de l'archevêque?

*Attendre*, disait-on, sans bien se rendre compte du véritable état des choses. Mais il ne lui était pas loisible d'attendre, le gouvernement refusant de prolonger les délais et pressant l'exécution immédiate du décret. Mgr Meignan n'avait aucun moyen d'intervenir utilement dans la double action judiciaire et administrative intentée à l'occasion de la mense; il ne pouvait ni la retarder ni l'empêcher.

*Se pourvoir au conseil d'État*, a-t-on ajouté. Mais la vente des immeubles s'opérait sous la pression du conseil d'État, et on ne pouvait pas espérer

qu'il se condamnât lui-même en se déjugeant à
quelques semaines d'intervalle. Ce n'eût été qu'une
vaine mesure dilatoire, pouvant faire gagner un
mois ou deux sans profit réel pour la cause, en
rendant de plus en plus difficile une négociation
amiable.

*Négocier*, voilà seulement ce qui restait à l'archevêque de Tours. Mgr Meignan entama toute une
série de pourparlers discrets dans la confidence
desquels le public ne fut point mis, de peur de passionner le débat; et, discutant toutes les objections,
écartant tous les obstacles, faisant valoir tous les
droits de l'Œuvre, il finit par obtenir une transaction qui sauve la partie essentielle de l'ancien
projet.

Ainsi l'État autorisait, autour du tombeau de saint
Martin, sur l'emplacement de la chapelle provisoire, la construction d'une église définitive aussi
somptueuse que le permettraient les ressources.
Cette église, dotée d'un capital qui pût suffire à ses
besoins, serait rattachée à la paroisse Saint-Julien
comme chapelle de secours, et mise par là sous la
protection d'un titre légal[1].

Mais tandis que Mgr l'archevêque négociait dans

---

[1] Tous ces détails, appuyés de pièces justificatives, sont empruntés au *Mémoire historico-juridique sur l'œuvre de Saint-
Martin*, composé en 1885 par Mgr Chevalier pour être mis sous
les yeux du saint-père. Voir pp. 29-31, 48-53.

des conditions si difficiles et si dures avec le gouvernement, un courant d'opinion s'était formé à Tours, dès le début, hostile à toute transaction, et de nature à tout entraver ou même à tout compromettre. On ne voulait qu'une seule basilique, la grande basilique bâtie sur les anciennes fondations, et pas autre chose. On ne se préoccupait pas de savoir si l'entreprise était possible ou non, si le concours indispensable de la municipalité serait accordé ou refusé, si le chef du diocèse était libre ou contraint ; on avait fait un beau rêve, le plus séduisant de tous les rêves, il fallait coûte que coûte le réaliser : ou la grande basilique, ou pas de basilique, tel était le vœu couramment émis par quelques personnes dont le zèle était plus ardent que réfléchi.

Pour atteindre ce but, on encouragea la commission à sortir de son rôle et à s'attribuer une autorité prépondérante, en refusant à l'archevêque le droit de disposer selon sa sagesse des deniers de Saint-Martin : « Le comité seul, disait-on, a la libre disposition des fonds de l'œuvre ; » et l'on déclarait hautement que si la nouvelle basilique n'était pas construite sur les anciennes fondations, le devoir de la commission était de se montrer récalcitrante et de retenir les fonds. Devant cette opposition ouverte, cent fois plus pénible que toute autre, Mgr l'archevêque, à peine installé, voulut prendre le temps d'étudier à fond la question, pour la discuter ensuite plus utilement avec le comité. C'est alors qu'il fit appel au concours de l'historiographe du diocèse.

Mgr Chevalier était à cette date gravement malade et condamné à un repos absolu pour plusieurs mois. Ce n'est qu'à la mi-octobre qu'il put remettre à Sa Grandeur deux notes, assez courtes mais substantielles, au moyen desquelles il prouvait, en s'appuyant sur les textes mêmes des mandements de Mgr Guibert : 1° que la commission était purement consultative et n'avait ni l'autorité ni l'indépendance que quelques-uns lui attribuaient ; 2° que le projet d'une grande basilique sur les anciennes fondations était un projet municipal, auquel l'administration diocésaine ne saurait se trouver enchaînée, après l'avoir un moment adopté, puisque l'autorité supérieure ne l'avait jamais approuvé, et que le conseil municipal lui-même avait rapporté sa première délibération en 1865. Ces deux notes furent publiées à la suite de la lettre pastorale de Mgr l'archevêque à l'occasion de la fête de saint Martin, et le cardinal Guibert, archevêque de Paris, après les avoir lues, déclara que tout cet historique était parfaitement exact, et qu'il n'avait pour son compte aucune rectification à indiquer. On devait naturellement en conclure que l'Œuvre de Saint-

Martin était une œuvre purement diocésaine, placée exclusivement entre les mains de l'archevêque de Tours. Ce fut en effet l'avis de la plupart des membres de la commission, et en particulier celui de l'ancien maire de Tours, M. le sénateur Goüin. « La commission, dit-il, n'a eu et ne pouvait avoir aucune part dans la direction, ni dans la responsabilité. Nous devons rechercher aujourd'hui non pas ce qu'il nous convient, mais ce qu'il nous est possible de faire. Si donc l'État permet de construire l'église projetée, s'il laisse tous les fonds entre les mains de Monseigneur pour payer les dépenses, si surtout Monseigneur peut obtenir que cet arrangement soit constaté par écrit, Sa Grandeur aura tiré le meilleur parti d'une situation très mauvaise, et tous nous devons lui témoigner notre profonde reconnaissance[1]. »

Trois membres de la commission ne crurent pas devoir se rallier au sentiment de leurs collègues, et adressèrent à tout l'épiscopat français une sorte de contre-mandement ou de protestation qui eut un grand retentissement dans la presse. Ce fut le signal d'une campagne d'autant plus fâcheuse, qu'elle mit aux prises des hommes profondément religieux et ne servit guère qu'à diminuer l'autorité dans

[1] Procès-verbal de la séance de la commission, tenue le 18 octobre 1884.

l'estime des fidèles en la livrant au tribunal de l'opinion.

Devant ces résistances, Mgr Meignan porta l'affaire à Rome. Rentré à son poste et muni des instructions de Sa Grandeur, le clerc national la suivit avec activité, et dans sept audiences obtenues du cardinal Jacobini, secrétaire d'État, pendant les mois de novembre et de décembre, il démontra pièces en main le droit exclusif de l'archevêque de Tours. « Vous êtes seul maître, avait écrit le cardinal Guibert à Mgr Meignan, et seul vous avez qualité pour décider et pour agir. Ce sont les archevêques de Tours qui ont commencé cette affaire, ce sont eux qui ont fait appel à la générosité des chrétiens, c'est entre leurs mains que les souscripteurs ont déposé leurs offrandes ; c'est donc à eux qu'il appartient de disposer de ces ressources selon leur sagesse. Les souscripteurs n'ont imposé aucune condition. »

Cette lettre et beaucoup d'autres documents authentiques portèrent la conviction dans l'esprit du cardinal Jacobini, et, par le cardinal, dans l'esprit du saint-père. En conséquence l'archevêque de Tours n'hésita pas à autoriser la vente annoncée par le gouvernement, pour le 5 et le 7 janvier, des dix-huit maisons achetées pour la reconstruction de la basilique. En effet, Saint-Martin n'étant qu'une œuvre diocésaine en voie de formation et n'ayant

encore aucune existence canonique, Mgr Meignan
ne faisait qu'un simple acte d'administration en
laissant vendre des immeubles dont l'emplacement était désormais inutile, pour en appliquer
le prix à la construction et à la dotation de la
basilique.

Cependant les opposants avaient adressé, de leur
côté, au saint-père une supplique et un mémoire
sur la même question. Ils s'appliquaient surtout à
commenter les premiers mandements de Mgr Guibert, revendiquaient les prétendus droits du comité
primitif de l'œuvre, et affirmaient à tort que les
signataires étaient « dépositaires des donations de
la France entière ». A ce titre, ils entendaient
déterminer, malgré l'archevêque de Tours, l'emplacement, les dimensions, la dépense du monument projeté. C'est du moins ce qu'il est permis
de conclure de leur discussion. Mgr Chevalier, dans
de nouvelles conférences avec le cardinal Jacobini,
n'eut pas de peine à démontrer l'inanité de ces
prétentions; il pouvait se contenter d'emprunter
les propres paroles de Mgr Guibert, qui, dans une
lettre en date du 18 octobre 1884, écrivait à l'archevêque de Tours : « Il n'a jamais été sérieusement question de la reconstruction de l'ancienne
basilique. Deux ou trois pieux chrétiens ont conservé et entretenu cette idée *vraiment irréalisable;*

mais, comme je l'ai dit, elle n'a jamais été prise au sérieux. »

Le mémoire des opposants fut accueilli avec une certaine bienveillance au Vatican, et renvoyé à l'examen d'une commission spéciale de six cardinaux, dont M<sup>gr</sup> Schiaffino était le secrétaire. Pour éclairer la commission, M<sup>gr</sup> Chevalier fit imprimer le *Mémoire historico-juridique sur l'Œuvre de Saint-Martin, suivi de pièces justificatives* (59 pages in-4°), dont j'ai parlé plus haut et auquel j'ai emprunté plusieurs pages de ce chapitre. Tous les points en litige y étaient discutés avec force, de manière à ne laisser aucune échappatoire à la chicane la plus habile. On y retrouve sans doute quelque chose des ardeurs de la lutte, mais aussi une argumentation serrée, solide, inattaquable. Et pourtant il lui manquait alors des documents précieux qu'il a découverts depuis, et qui lui ont fourni la matière d'un chapitre inédit que l'historien futur de la nouvelle basilique pourra utiliser.

Enfin les trois opposants envoyèrent à la commission un autre mémoire en italien sur l'affaire, dans lequel ils discutaient les derniers actes de M<sup>gr</sup> l'archevêque, se déclarant d'ailleurs prêts, sur l'ordre du souverain pontife, « à remettre toutes les valeurs de Saint-Martin pour qu'elles fussent employées dans le projet de M<sup>gr</sup> Meignan, et à exécuter avec toute promptitude et en fils obéissants, comme ils l'ont toujours été, les ordres du Père commun des fidèles. »

La commission cardinalice, après avoir discuté contradictoirement les raisons alléguées de part et d'autre, adopta les conclusions déposées par Mgr Meignan, et formula le 12 juillet son sentiment de la manière suivante : « Les détenteurs ou dépositaires des fonds recueillis sont tenus de fournir à l'archevêque les sommes qui lui seront nécessaires pour l'Œuvre pie de Saint-Martin au fur et à mesure de ses besoins. » Cette sentence, pleinement approuvée par Sa Sainteté, fut transmise à Mgr Meignan par le cardinal Jacobini, le 25 août 1885. Le procès était donc clos par une décision souveraine, et dès lors on pouvait se mettre à l'œuvre.

Pendant qu'on délibérait encore à Rome, le conseil municipal de Tours, invité par le préfet à émettre son avis sur le projet de Saint-Martin, avait jugé à propos d'entendre Mgr l'archevêque. Le prélat, qui était alors aux eaux de Cauterets, délégua Mgr Chevalier pour donner les explications demandées par la commission du conseil. La séance eut lieu le 8 juillet et fut très décousue. En en lisant le compte rendu on y retrouve toutes les objections courantes. Le délégué de l'archevêque répondit à tout, et tâcha d'élever la question en parlant de l'œuvre civilisatrice de saint Martin, de ce que lui

devait la ville de Tours, de l'honneur que ferait
à la cité un grand monument, de l'intérêt des
ouvriers, etc. Toutes ces considérations furent
perdues, et dans sa séance du 7 août, sur le rapport d'un marchand de chaussures malheureux, le
conseil émit à l'unanimité un vote défavorable sur
les projets qui lui étaient soumis. Cette hostilité
n'empêcha pas le gouvernement de donner suite à
l'affaire et de poursuivre les mesures administratives qui devaient ériger Saint-Martin en chapelle
de secours.

Notre vénérable archevêque avait donc gain de
cause sur tous les points. L'un de ses premiers
actes, après cette lutte pénible à tant d'égards, fut
de récompenser, comme il convenait, la science et
le dévouement de son collaborateur, en lui confé-
rant, le 27 octobre 1885, le titre de chanoine
d'honneur de l'église métropolitaine. A cette occasion il daigna lui écrire la lettre suivante qui est
un des plus beaux titres d'honneur de Mgr Chevalier :

« Monseigneur, dans vos fonctions de clerc national du sacré Collège et de secrétaire des consistoires pour la France, et avec l'influence de vos
hautes qualités, relevées par votre titre de camérier
secret de Sa Sainteté, vous avez rendu de véritables
services par votre intelligence, votre activité, votre

zèle, au diocèse de Tours dont vous relevez par votre origine et votre sacerdoce. Notamment vous vous êtes empressé de me servir d'intermédiaire avec la cour romaine dans l'élucidation de la question de la basilique de Saint-Martin, et vous vous êtes acquitté de vos commissions avec une bonne volonté et un succès que je me plais à reconnaître.

« Prenant toutes ces choses en considération et d'ailleurs sachant de science certaine combien votre érudition dans l'histoire religieuse de Tours a servi l'honneur de la religion;

« Persuadé qu'une distinction méritée mettrait fin à de fausses et calomnieuses imputations dont des sentiments peu honorables et peu chrétiens sont le principe,

« Je vous nomme par les présentes chanoine d'honneur de notre Église métropolitaine de Tours, et je vous en confère les divers droits et privilèges. »

Enfin justice était donc faite et bien faite! Ce prêtre d'une si haute intelligence et d'un si grand talent, qui aurait pu rendre à l'Église tant de services éminents s'il avait été libre de la direction de ses études et encouragé si peu que ce fût, avait donc enfin trouvé quelqu'un pour le comprendre, l'apprécier, et rendre hommage à son mérite. Et ce qui donnait un prix spécial à ce témoignage public d'estime c'est qu'avant de l'accorder, Mgr l'archevêque avait tenu à faire une enquête approfondie, afin de se rendre compte par lui-même des raisons qui avaient déterminé certaines malveillances. Il interrogea des laïques, des prêtres, des chanoines, des vicaires généraux, en particulier le vénérable abbé Malmouche, qui ne lui donna que des impressions favorables; il interrogea enfin le cardinal Guibert, dont la justice avait été surprise, et c'est dans cette entrevue que s'écroula tout l'échafaudage de calomnies dont ce pauvre prêtre avait été victime. Je ne suis pas libre de parler comme je le voudrais, et d'ailleurs il m'en coûte de défendre un ami contre des accusations si misérables. Tout ce que je puis dire, c'est que Mgr Meignan n'eut pas de peine à faire toucher du doigt la calomnie, et que le vénérable cardinal, dont les intentions étaient si droites, n'hésita pas à reconnaître qu'il avait dû être trompé. Comprenant donc qu'une réparation était due à Mgr Chevalier, il applaudit à la pensée de le nommer chanoine d'honneur.

Cette haute distinction fut accueillie, comme elle devait l'être, avec une profonde reconnaissance. La confiance et l'affection de Sa Grandeur dédommageaient d'un seul coup Mgr Chevalier de quarante années d'indifférence et d'oubli; mais il sentait qu'il venait de contracter une dette, et il se proposa de la payer en se mettant plus que jamais aux ordres de son archevêque pour le seconder dans l'œuvre de Saint-Martin.

Toutes les difficultés administratives étaient levées; il fallait maintenant songer à bâtir.

# XXII



A la suite de ses études archéologiques à Rome, le clerc national, tout pénétré de la beauté antique des basiliques latines, avait proposé à M<sup>gr</sup> l'archevêque de construire une basilique d'après le type de Sainte-Agnès-Hors-les-Murs, avec une galerie au-dessus des basses-nefs et un *atrium* en avant, et, sur son acceptation, lui avait présenté comme collaborateur, dès le mois d'octobre 1884, M. Laloux, ancien pensionnaire de la villa Médicis. Les plans du futur Saint-Martin furent donc étudiés de concert et dessinés sur ces bases, et approuvés par M<sup>gr</sup> Meignan; mais dans l'hiver de 1885-1886 M. Laloux refit ses dessins dans le style byzantin. Le projet primitif, il est vrai, avait été conservé dans ses lignes principales, mais la décoration avait été changée dans son caractère. Était-ce une modification heureuse? C'est aux archéologues à le dire. Je me contente d'observer, en historien fidèle, que M<sup>gr</sup> Chevalier fit ses réserves et refusa désormais de s'associer à l'entreprise de M. Laloux, — ce qui ne l'empêcha pas d'admirer hautement l'œuvre de l'architecte.

Les travaux de démolition et les fouilles commencèrent au mois de juillet 1886. Une commission archéologique composée de trois membres : M. Lambert, architecte diocésain, M. Ch. Guérin, architecte de la fabrique, et M<sup>gr</sup> Chevalier, avait été chargée de suivre les fouilles. Les deux premiers ayant été constamment empêchés, la charge retomba en entier sur le clerc national, qui demanda le concours de M. l'abbé Quincarlet, secrétaire général de la Société archéologique, et passa avec lui quatre mois entiers au milieu des travaux, notant tout, pratiquant des sondages, opérant des nivellements, et faisant lever un plan de précision par un architecte habile, M. Parcq.

Cette étude permit de constater plusieurs points importants. Le chevet de la basilique, remontant à saint Perpet et mesurant exactement les dimensions assignées par saint Grégoire de Tours, se

présenta avec cinq absidioles rayonnantes autour
du tombeau, précédé d'un *atrium* ou déambulatoire autour de l'abside intérieure; le niveau primitif fut déterminé d'une manière certaine, bien
au-dessous du tombeau actuel, par la présence d'une
porte, d'un bassin, et des radiers qui soutenaient
le dallage; des inscriptions carlovingiennes recueillies au milieu des ruines permirent à M. de Rossi
de rattacher à la ville de Tours et à l'école
d'Alcuin la belle inscription funéraire du pape
Hadrien Ier, qu'on voit à Rome au portique de
Saint-Pierre; enfin les tombeaux des Boucicaut
furent retrouvés et ouverts.

Tous ces précieux documents matériels four-
nirent à Mgr Chevalier la matière d'un ouvrage qui
est à mes yeux un chef-d'œuvre. Il a été publié
sous ce titre au mois d'août 1887 : *les Fouilles de
Saint-Martin de Tours*, recherches sur les six
basiliques successives élevées autour du tombeau
de saint Martin (in-8°, 129 pages, avec 7 planches
et plans).

Les premiers résultats de ces recherches avaient
été communiqués avec un plan à l'appui, le
6 février précédent, à la Société savante fondée et
dirigée à Rome par M. de Rossi sous cette appel-
lation de saveur antique : *Collegium cultorum
sanctorum martyrum*. Dans sa conférence,

Mgr Chevalier s'était principalement appesanti sur les points d'intérêt général. Ce n'étaient pas précisément des nouveautés pour Rome, car les basiliques polychores s'y montrent çà et là, et les déambulatoires ont été signalés par l'éminent archéologue romain[1].

Voici en quels termes M. de Rossi a parlé de ce volume des *Fouilles* qu'il qualifie de *egregio lavore* et de *luminosi studi* : « Le docte auteur, dit-il, a répandu une abondante lumière sur l'insigne monument chrétien des Gaules, en la tirant, non seulement des documents propres de son histoire et des découvertes actuelles, mais encore de rapprochements opportuns avec les monuments d'autres régions, spécialement avec ceux de Rome et avec les doctrines fondamentales de l'archéologie chrétienne cémétériale des premiers siècles. »

Pendant que les *Fouilles de Saint-Martin* obtenaient à Rome l'approbation du plus savant et du plus compétent des juges et attiraient à l'auteur de toutes parts des éloges sans réserve, deux ou trois personnes les critiquaient à Tours. On contestait surtout la cote attribuée au niveau primitif de la basilique, mais en passant sous silence les monuments matériels qui l'affirment, monuments tou-

[1] Le procès-verbal de cette communication a été publié par M. de Rossi dans son *Bulletin d'archéologie chrétienne*, en 1887.

jours subsistants et toujours visibles. Ces critiques ont été vigoureusement réfutées dans une *Note complémentaire*, publiée en 1891, où l'on peut regretter certaines vivacités de plume, mais où l'on trouve des arguments qui ont paru tout à fait péremptoires.

On lui a reproché encore de n'avoir pas su déchiffrer les lettres encore visibles d'une inscription carlovingienne encastrée aujourd'hui dans les murs du magasin de la maison Durand, quai du Vieux-Pont, et qu'il avait signalée comme présentant le type des beaux caractères romains, sans se préoccuper d'ailleurs d'en chercher le sens qui est introuvable. Il avait écrit :

« Cette inscription mutilée ne nous a guère laissé deviner que les mots :

SVB HoC *CœSPite*... ODo(?) Ve...
STvDIo CvNCT*orum*... »

Le président de la Société archéologique de Touraine estima qu'il était nécessaire de rectifier cette lecture : « Non seulement, dit-il, Mgr Chevalier ne tient pas compte de la division en quatre lignes, mais il supprime des mots[1], et, chose plus grave,

---

[1] Il supprime à regret, en les remplaçant par des points, les lettres qu'il n'a pas pu déchiffrer : est-ce que M. le président n'a pas supprimé de même tous les mots qui terminent ses quatre lignes, et sans lesquels l'inscription n'a pas de sens?

prend un pronom relatif pour un nom d'homme [1].
Voici la transcription véritable :

SUB HoC CESP...
ACrI QD Ve...
eX TeST D...
PRo CVNCT... »

Mgr Chevalier, qui n'attachait d'importance qu'aux choses sérieuses, dut convenir que la copie de M. le président était un peu plus complète que la sienne, sans être plus claire, la leçon de l'inscription restant douteuse à cause des lacunes du texte ; mais il demandait en quoi ce point, tout à fait secondaire et en dehors de la question, infirmait ce qu'il avait dit sur Saint-Martin dans sa brochure ; et le procès-verbal ne dit pas qu'on ait répondu à cette question, — je parle du procès-verbal authentique, de celui qui fut rédigé par le secrétaire général, et non de celui qui fut inséré au *Bulletin* et publié dans les journaux après avoir subi une interpolation.

Le secrétaire général était M. l'abbé Quincarlet, un intime ami de Mgr Chevalier ; il n'aurait jamais

---

[1] Le pronom relatif a été découvert par M. le président : c'est QD. Mgr Chevalier avait lu OD et hasardé que ces deux lettres étaient *peut-être* les initiales d'un nom d'homme : ODo(?). En somme, c'était une vétille ; M. le président a voulu y voir une « chose grave ». Ce que j'admire, c'est qu'il ait eu le courage de le dire devant une société savante.

consenti à laisser passer sous sa signature une phrase injurieuse pour ce vétéran de la Société archéologique, pas plus du reste que pour aucun de ses collègues. Quelles ne furent donc pas sa surprise et sa douleur en constatant que l'on avait glissé dans son rapport à l'imprimerie, après correction de l'épreuve, vingt lignes qui prêtaient à M. le président une réplique apocryphe, improvisée après coup, en dehors de la séance ! Et quelle réplique ! « C'est en vain, disait le président, que Mgr Chevalier essaye, par une habile diversion, de faire oublier l'inqualifiable lecture (O pour Q !) dont il a été question plus haut : elle demeurera pour tous comme une des caractéristiques de sa manière de travailler[1]. » Puis, abordant un autre chapitre des discussions antérieures, le faux procès-verbal ajoutait ce qui suit : « Quant à la divergence d'opinion que Mgr Chevalier suppose entre M. le président et M. de Rossi, elle n'existe nullement. Le célèbre archéologue romain a parfaitement parlé d'un *Matroneum*, à propos des dispositions du chœur de Sainte-Marie-Majeure, et c'est véritablement se moquer de son public que de soutenir le contraire, etc., etc. » Il faut dire tout de

---

[1] Je ne dirai pas que ce passage est *inqualifiable*, car rien ne serait plus facile que de le qualifier; mais je prierai mes lecteurs de n'y pas voir « une des caractéristiques de la manière de travailler » de l'auteur.

suite que, bien loin de soutenir le contraire, Mgr Chevalier avait été le premier en France à appeler l'attention des savants sur cette disposition très remarquable d'un déambulatoire antique à Sainte-Marie-Majeure, destiné aux matrones sous le nom de *Matroneum*, et il en avait fait l'application à l'étude du chevet de Saint-Martin. « Vous trouverez, écrivit-il au président, cette thèse développée en plusieurs pages et placée sous l'autorité de mon illustre maître, M. de Rossi, au tome V de notre *Bulletin*, page 288, et dans mon mémoire sur les *Fouilles de Saint-Martin*, page 39. » Il s'ensuivait avec la dernière évidence que ce n'était pas Mgr Chevalier qui avait voulu « se moquer de son public ».

Jamais la Société archéologique n'avait assisté à un pareil tournoi; jamais il n'était venu à personne l'idée de falsifier ses procès-verbaux; enfin jamais on n'avait traité de la sorte un de ses dignitaires, celui qui l'avait le plus honorée par des travaux sans nombre et l'avait placée un jour au premier rang des sociétés savantes.

Mgr Chevalier fut ému, trop ému peut-être, par ce fâcheux incident. Il écrivit au président, le 25 avril 1888, une lettre indignée que je m'abstiens de reproduire pour ne pas réveiller cette vieille querelle dont j'aurais voulu de grand cœur ne pas même rappeler le souvenir. Je n'en citerai que quelques lignes : « Monsieur le président, je dépose entre vos mains ma démission de président honoraire et de membre d'honneur de la Société archéologique de Touraine... Je répudie toute responsabilité dans les opinions que me prêtent le procès-verbal frelaté du 30 novembre et celui du 21 décembre 1887, mes sentiments et mes écrits ayant été dénaturés... D'ailleurs la signature de M. Quincarlet qu'on lit au pied du document interpolé n'a pas le droit d'y figurer. »

En même temps l'abbé Quincarlet protestait contre l'abus qui avait été fait de sa signature et remettait, lui aussi, sa démission. Quelques autres membres de la Société le suivaient dans sa retraite ou cessaient, à dater de ce jour, d'assister aux séances; enfin une foule d'hommes honorables, des savants, des archéologues, dont je viens de lire les lettres, envoyaient à Mgr Chevalier des éloges et des condoléances qui révélaient mieux que tout le reste la haute estime du monde savant pour ses travaux en général et pour son livre des *Fouilles de Saint-Martin* en particulier.

Trois membres de la Société archéologique[1] furent députés pour le prier de retirer sa démission. Il fut très touché de cette démarche, et se déclara prêt à retirer, non seulement sa démission,

---

[1] MM. Trochon, de Lépinaist et Lhuillier.

mais encore la lettre qui exposait les motifs de cette détermination, si la Société archéologique, de son côté, ordonnait la suppression des trois alinéas intercalés frauduleusement dans le procès-verbal de novembre. On reconnaîtra qu'il ne pouvait pas être moins exigeant. Le comité de rédaction pensait avec tout le monde que c'était un acte de justice absolument élémentaire. Et pourtant, le 31 mai 1888, le secrétaire-adjoint, M. de Lépinaist, fit connaître à Mgr Chevalier que, dans la séance de la veille, où se trouvaient réunis au total onze membres titulaires, sa démission avait été acceptée par six voix contre cinq. C'était regrettable, non pour Mgr Chevalier qui s'en allait la tête haute et la conscience tranquille, mais pour la Société elle-même qui perdait un collègue éminent et, avec ce collègue, les innombrables notes d'histoire et d'archéologie locales qui m'ont été léguées[1].

[1] J'ai hâte de dire que, dans sa séance du mois de janvier dernier, la Société archéologique a tenu à rendre hommage à son ancien collègue, en s'associant aux paroles du président qui s'était fait un devoir de louer le zèle, l'activité, l'esprit curieux et pratique de son prédécesseur.

« Toutes les questions, a dit M. Palustre, lui étaient pour ainsi dire familières, et il savait, dans les explications qu'il donnait, par le charme de son style, intéresser jusqu'aux personnes les plus étrangères à nos études.

« Durant plus de trente ans, notes et communications se sont succédé dans les *Bulletins* presque sans interruption, ce qui n'empêchait pas, de temps en temps, la publication, dans les *Mémoires*, de travaux importants...

Les questions si multiples soulevées par Mɣr Chevalier dans son étude sur les *Fouilles de Saint-Martin* piquèrent naturellement la curiosité d'un grand nombre d'archéologues. La plupart se ralliaient aux idées de l'auteur, et le félicitaient d'avoir mis en lumière des faits nouveaux qui contredisaient les opinions reçues. D'autres hésitaient et réclamaient un supplément d'informations. M. de Lasteyrie, venu trop tard malheureusement pour voir de ses yeux les vieilles fondations au moment où elles étaient à découvert, communiqua ses observations à l'Académie des inscriptions et belles-lettres, en lui soumettant un long mémoire intitulé : l'*Église Saint-Martin de Tours*. Il se séparait de Mɣr Chevalier sur quelques points importants. Pour lui, l'*atrium* de Saint-Martin était une cour extérieure, le mot *atrium* n'ayant jamais eu d'autre signification, — ce qui, par parenthèse, est absolument inexact ; — de plus, le savant professeur niait l'existence d'un chevet pentachore au vᵉ siècle, cette forme architecturale lui paraissant bien postérieure.

« Au dehors, Mɣr Chevalier est surtout connu par la série de ses volumes sur Chenonceau, et, de fait, il a presque renouvelé l'histoire de ce magnifique château. Quant à ses études géologiques et agronomiques, bien qu'elles soient moins de notre ressort, elles n'en mériteraient pas moins d'être signalées... »

Sur la proposition du président, le successeur de Mɣr Chevalier dans la charge d'historiographe du diocèse, M. l'abbé Louis Bosseboeuf, a bien voulu accepter la mission d'écrire une biographie détaillée du regretté défunt.

M<sup>gr</sup> Chevalier, heureux de voir l'Académie des inscriptions saisie de cette grande question qui le passionnait, se mit en mesure de répondre aux critiques de M. de Lasteyrie. Il publia dans la *Revue des Monuments et des Arts* deux articles intitulés : *Le Plan primitif de Saint-Martin de Tours*, *d'après les fouilles et les textes*, où, après avoir rétabli le sens du mot *atrium*, il démontra, par les monuments de Rome et de Naples, que les chevets polychores avec déambulatoire existaient dès le v<sup>e</sup> siècle [1].

M. de Lasteyrie fut le premier à louer ce beau travail : « Je tiens à vous dire, écrivit-il à l'auteur, combien je vous sais gré de la façon courtoise dont vous combattez ma thèse. Je voudrais ajouter que vous m'avez convaincu, car je regrette bien vivement d'être en désaccord avec l'homme qui connaît le mieux l'histoire de Saint-Martin, et qui en a si bien mis en lumière les moindres particularités... Les églises à abside ouverte dans le fond, que M. de Rossi a signalées, fourniraient un meilleur argument dans votre sens, je le sais et je n'ai pas cherché à le dissimuler dans mon mémoire. Peut-être est-ce le point de départ du plan de Saint-Martin. » On voit que M. de Lasteyrie se

---

[1] Ces deux articles furent réunis en brochure et forment une charmante plaquette de trente-six pages in-8°, très élégante et très artistique, avec deux planches.

rapproche, et il aurait sans doute franchi la barrière qui le séparait encore de son contradicteur, si Mgr Chevalier avait eu le temps d'écrire un dernier chapitre dont il avait trouvé les éléments dans des études plus récentes et qui ajoutaient à sa démonstration une force irrésistible.

La *Revue de l'art chrétien* suivit avec intérêt les différentes phases de la discussion, et voici en quels termes elle a signalé à ses lecteurs le *Plan primitif de Saint-Martin* :

« ... La question de l'âge de la basilique de Saint-Martin de Tours n'est pas close... M. R. de Lasteyrie, dans un mémoire présenté à l'Académie des inscriptions et belles-lettres, a soutenu depuis que la basilique découverte par le savant prélat de Tours ne saurait remonter plus haut que l'époque carolingienne.

« Mgr Chevalier maintient haut et ferme ses premières attributions dans un article que publie le beau recueil de M. C. Normand.

« Se basant sur les résultats de ses explorations, l'auteur établit que les cinq basiliques se sont superposées sur les mêmes fondations ; du ve siècle au xiiie il n'y aurait eu en quelque sorte, dans le chevet de Saint-Martin, qu'un seul fondement sur lequel se trouvent établies les constructions postérieures. Il est invraisemblable d'admettre que l'architecte carolingien se soit appliqué systéma-

tiquement à arracher des entrailles du sol les
derniers vestiges de la basilique primitive. D'un
autre côté, ceux qu'on a retrouvés correspondent
aux indications précises de saint Grégoire.

« Grégoire de Tours parle de l'*atrium* dans la description de la basilique. Mgr Chevalier y voit avec
Quicherat un déambulatoire établi autour du tombeau de saint Martin, tandis que M. de Lasteyrie
traduit ce mot par *cour, lieu découvert*. Son anta-
goniste s'attache à justifier le premier sens, c'est-
à-dire celui qui, par extension, assimile l'*atrium*
dans ce cas à *porticus*.

« Nous ne suivrons point pas à pas l'érudit prélat
dans sa discussion des précieux textes de l'historien de Saint-Martin. Nous constaterons seulement
qu'il soutient vaillamment sa cause, et qu'il porte
des coups droits à son adversaire. La parole est
à présent à M. de Lasteyrie. Le monde archéologique suit avec un intérêt des plus vifs cette joute
scientifique. »

Le 7 avril suivant (1893), « M. de Lasteyrie donna
une seconde lecture de son mémoire sur l'origine
des basiliques chrétiennes, à la suite de laquelle
MM. Derenbourg, Boissier, Ravaisson et Müntz
présentèrent quelques observations. » Cette note,
recueillie dans un journal, piqua la curiosité de
Mgr Chevalier, qui attendait avec impatience la
communication de ce mémoire, mais il ne parvint

pas à le connaître. Il n'en continua pas moins
jusqu'à la fin d'étudier le problème sous toutes ses
faces et de résoudre une à une toutes les difficultés.
On eût dit, à l'entendre, qu'il avait vu de ses yeux
la basilique primitive ; il en avait fait la restitution
complète dans son esprit, en utilisant tous les textes
fournis par saint Grégoire ; il avait essayé sans
succès de faire traduire sa pensée par le crayon,
et son vif désir, en mourant, était que le dernier
chapitre de son *Plan primitif* intitulé : *Projet
d'une restitution de Saint-Martin*, attirât l'attention d'un architecte habile, qui voulût bien « entreprendre de donner, à la suite du projet écrit, un
projet dessiné qui en fût la confirmation. »

# XXIII



Les hommes du monde, en petit nombre, qui
étaient admis dans l'intimité de M<sup>gr</sup> Chevalier, lui
reprochaient volontiers ce qu'ils appelaient « sa
modestie », estimant que les honneurs dont on
l'avait comblé si tardivement n'étaient pas propor-
tionnés à son mérite et à ses grands talents.

« Quand j'exprimais le regret qu'on ne l'eût pas
appelé à l'épiscopat, m'écrivait tout récemment
l'un d'eux, il me répondait simplement que ce
n'était pas dans les desseins de Dieu, ne s'en prenant à personne de l'oubli dans lequel on le laissait. » Nous, ses amis ecclésiastiques, qui jugions
de ces choses moins humainement, nous lui tenions
un autre langage. En réalité, l'épiscopat lui fut

plus d'une fois proposé : le président Grévy insista même à plusieurs reprises pour obtenir son acceptation ; mais nous ne l'aurions probablement jamais su, sans l'indiscrétion d'un journal. Sur certains points, la note du journal était complètement erronée : la nouvelle même était-elle plus exacte ? je voulus m'en assurer en allant tout droit chez Mgr Chevalier, et je me souviens encore de tous les détails de l'entrevue. Au lieu de répondre directement à ma question, il ouvrit un des tiroirs de son bureau et mit sous mes yeux des lettres de six évêques, entre autres de Mgr Mermillod et de l'archevêque de Sens, Mgr Bernadou, qui le pressaient d'accepter le fardeau. Tout ému de cette révélation, j'eus le courage de lui dire : « Non, non, Monseigneur, ne suivez pas ce conseil. Vous êtes un homme de science, vous avez des qualités que j'apprécie plus que personne, mais vous n'avez pas toutes les qualités d'un évêque... » Et, tout en souriant de ce malin sourire qui parfois déconcertait, il me laissa développer, sans m'interrompre, des idées qui nous sont familières, à nous, prêtres, sur l'éminente dignité de l'évêque, sur sa responsabilité, sur les difficultés sans nombre inhérentes à sa charge ou provenant du dehors. Puis il me dit : « Vos conseils sont excellents, mais je n'ai pas attendu que vous les ayez formulés pour les suivre. Rassurez-vous donc, je ne serai jamais évêque. »

Et pourtant il comprit de bonne heure qu'il ne pouvait pas séjourner à Rome aussi longtemps qu'il l'avait espéré. Sa santé s'altérait visiblement sous l'influence pernicieuse du climat romain. Au lieu d'ambitionner l'épiscopat, il visait un titre de chanoine du second ordre au chapitre de Saint-Denis ; mais quand il songea sérieusement à résigner ses fonctions de clerc national, le chapitre de Saint-Denis fut supprimé par voie d'extinction, et cette porte se trouva fermée.

Il n'y avait plus dès lors que la voie d'une retraite régulière, et Mᵍʳ Chevalier se trouvant dans les conditions d'âge, de temps de services ecclésiastiques et de situation, le chiffre de la retraite fut fixé en principe. Toutefois, grâce à l'affectueuse bienveillance de l'ambassadeur, M. de Béhaine, il parut plus convenable de lui laisser son titre avec un congé illimité et de lui donner comme coadjuteur Mᵍʳ Guthlin, canoniste de l'ambassade, pour remplir à Rome les fonctions de clerc national.

Avant de quitter Rome, Mᵍʳ Chevalier eut la joie d'y voir naître sous son inspiration une œuvre à laquelle il pensait depuis longtemps. Il avait remarqué que beaucoup d'étrangers sont atteints à Rome de maladies redoutables au milieu d'un voyage d'agrément, et n'ont d'autre ressource

que d'aller chercher un refuge dans les hôpitaux
de la ville, d'ailleurs fort bien tenus, ou de demeu-
rer à l'hôtel avec un service indifférent et coûteux,
trop heureux s'ils peuvent obtenir les soins dévoués
de ces religieuses du Bon-Secours de Troyes, que
la France a établies dans une de ses maisons.
Beaucoup de malades succombaient, et M⁹ʳ Chevalier a pleuré plus d'une fois la perte de ses amis.
Ce qui manquait à cette ville, si riche d'ailleurs de
créations charitables de toute sorte, c'était une
maison de santé ; il est vrai que la maison de santé
est la forme la plus moderne de la charité hospi-
talière.

Après plusieurs tentatives infructueuses, le clerc
national rencontra enfin la congrégation la plus
capable de fonder une œuvre de ce genre. Au mois
de novembre 1886, les deux Mères assistantes des
religieuses de la Présentation de la sainte Vierge
de Tours étant allées à Rome pour préparer l'installation de la procure générale de leur congrégation, il les entretint de ce projet et leur montra
qu'elles rendraient un service signalé en comblant
cette lacune dans les institutions charitables. Cette
semence tombait dans une terre excellente. Après
en avoir délibéré, et avec l'approbation de M⁹ʳ Meignan, la congrégation se résolut à créer une maison
de santé à Rome. M⁹ʳ Chevalier fut invité par
l'archevêque à chercher un immeuble ou un terrain

favorable pour bâtir ; il trouva sur les hauteurs de
la ville une vaste et belle maison, assise en bon
air, à proximité de la station du chemin de fer, en
face du grandiose horizon romain, des Apennins
et des monts Albains. Les Dames Blanches, jugeant
que cet immeuble réunissait toutes les conditions
désirables de situation, de salubrité, d'exposition, d'aménagement intérieur, l'achetèrent le
18 mars 1887, et, comme la maison venait d'être
remise totalement à neuf, elles s'y installèrent
immédiatement.

La *Villa della Presentazione* répondait si bien
à un besoin, qu'elle obtint sans tarder un grand
succès. Les médecins et les chirurgiens l'adoptèrent
aussitôt, et y envoyèrent les malades qui réclamaient des soins spéciaux ou qu'il fallait préparer
à des opérations délicates ; bientôt il n'y eut plus
assez de place, et quinze religieuses furent nécessaires pour suffire à tous les services. Nos deux
ambassades se montrèrent très sympathiques à cette
création si française, et l'administration de nos
pieux établissements y créa un lit. Pour comble de
succès, le Quirinal lui-même, en ce temps de gallo-
phobie, demanda les soins des Dames Blanches
pour ses malades, et la reine Marguerite vint en
personne à la *Villa della Presentazione* installer
une de ses femmes. Mgr Chevalier se félicitait
d'avoir provoqué la création de cet établissement.

qui a rendu et rendra de grands services à nos
nationaux, aux étrangers et aux Romains eux-mêmes
sous l'égide de la France.

A la fin de mars 1888, après les magnifiques
fêtes du jubilé de Léon XIII, le clerc national
quitta Rome, avec un regret d'autant plus vif qu'il
n'avait guère l'espoir d'y retourner, et rentra en
Touraine pour y soigner sa santé gravement
ébranlée.

Ce qu'il avait écrit lui-même de son vénéré
maître, M. l'abbé Bourassé, nous pouvions le lui
appliquer en toute assurance : la Rome chrétienne
l'avait saisi tout entier. « Cette terre sacrée, disait-
il, où le sang de nos pères dans la foi a ruisselé à
flots, où le sol est pavé des tombes des martyrs,
lui parla le puissant langage de la patrie : ces églises
et les palais où l'art catholique s'est élevé à des
hauteurs si sublimes, lui semblèrent une image de
la céleste Jérusalem, et l'Église visible, personnifiée
en son auguste chef, lui parut plus digne encore
de son respect, de son amour et de son dévouement. Il revint de Rome, marqué de ce sceau inef-
façable que la ville éternelle imprime à tous ceux
qui savent la comprendre et la sentir[1]. » Jusqu'à
la fin de sa vie il demeura fidèle à cette impres-

---

[1] *L'abbé Bourassé et le mouvement intellectuel en Touraine
depuis quarante ans;* p. 48.

sion, à ses souvenirs, j'oserais dire à sa passion
filiale pour cette Église de Rome, mère et maîtresse
de toutes les autres. Il y vivait par la pensée, il se
tenait au courant des faits, des préoccupations, des
épreuves, des joies, des craintes, des espérances,
en un mot de tout ce qui intéressait l'Église. D'aimables correspondants lui procuraient cette consolation dans sa retraite, et il continuait à user de
son influence et de ses relations pour rendre à nos
évêques des services parfois très importants.

Si le climat de Rome avait été fatal à sa santé
physique, l'atmosphère des catacombes et des basiliques, le « parfum de Rome », si suave et si pénétrant,
analysé dans un beau livre par Louis Veuillot, avait
élevé son âme, agrandi ses vues, fortifié ses convic-
tions. Ce n'était plus l'homme d'autrefois, ardent,
impétueux, un peu aigri par l'injustice ou la malveillance ; c'était, à certains égards, un homme
nouveau, d'humeur toujours égale, n'ayant plus
guère de sévérités que pour l'hypocrisie et le men-
songe.

A peine réinstallé dans sa modeste demeure de
la rue Nicolas-Simon, il reprit ses habitudes et son
règlement de vie, tout en modérant cette activité
dévorante qui l'avait usé avant l'heure. Tant qu'il
put marcher sans de trop grandes fatigues, on le

vit chaque jour aller dire la sainte messe à l'oratoire de la Sainte-Face, visiter son intime et fidèle ami, le chanoine Frédéric Archambault, et chercher le grand air, l'ombre ou le soleil, sous les vieux arbres du mail, à proximité de sa maison. Il se promenait lentement, lisant son journal, ou rêvant de ses études, puis rentrait dans sa chambre pour réciter le bréviaire et continuer son travail. En dépit de ses résolutions, il ne se reposait pas complètement ; sa main seule était moins agissante : il écrivait peu ; mais son esprit toujours en éveil s'intéressait à tout comme par le passé.

Au mois de novembre 1890, la ville de Tours voulut célébrer splendidement le double jubilé de Mgr Meignan. A cette occasion, « il parut nécessaire au clergé d'offrir un objet d'art au vénéré prélat comme témoignage du respect et de l'affection de ses prêtres, en même temps que de leur admiration pour ces beaux livres qui font la gloire de l'évêque et l'honneur du diocèse. La commission diocésaine chargée de préparer et d'organiser les fêtes, au lieu de chercher un présent banal, porta ses vues sur une œuvre qui pût avoir un caractère absolument personnel, et reproduisît, par des inscriptions et des symboles, les principaux titres de notre savant archevêque à l'attention de la postérité. » L'artiste était dès lors tout indiqué : c'était

M. Édouard Avisseau, émule et continuateur, après son père, de Bernard Palissy ; l'auteur du programme de la décoration ne l'était pas moins ; c'était Mgr Chevalier.

Le clerc national proposa de faire une aiguière pontificale et son bassin. Le bassin circulaire porte en sa partie profonde quatre cartouches ornés de palmes, sur lesquels sont inscrits en lettres d'or les titres des ouvrages les plus remarquables de Mgr Meignan. Les armes du prélat, des devises, des guirlandes de fleurs et de fruits, une dédicace complètent l'ornementation de cette superbe pièce de céramique. L'aiguière, avec ses formes élégantes et harmonieuses d'un galbe presque antique, est digne du bassin qu'elle surmonte et en achève la signification. La bouche du vase en bec d'aigle d'une grande allure, le profil de Mgr Meignan, la cathédrale de Tours et la basilique de Saint-Martin, les deux serpents qui forment l'anse de l'aiguière, tout cet ensemble honore le génie des Avisseau.

Telle est en peu de mots l'explication qu'en a donnée Mgr Chevalier dans une brochure élégamment imprimée par MM. Deslis frères. Au point de vue littéraire, cet opuscule est à la hauteur de l'œuvre exquise qu'il a dictée et qu'il interprète. L'auteur y parle la langue de l'art avec autant de grâce que celles du récit historique et de la critique.

A la même date et pour ajouter une fête de plus
à son double jubilé, Mᵍʳ Meignan fit en grande
pompe l'inauguration de la basilique de Saint-
Martin, encore inachevée sans doute, mais sortie
du sol dans les proportions permises par les ressources disponibles, avec sa majestueuse coupole
et sa statue de bronze. C'était le mardi 11 novembre.
Une foule immense se pressait aux abords et dans
toutes les parties de la nouvelle basilique. L'archevêque de Bordeaux, le coadjuteur de Rennes,
l'évêque de Poitiers, Mᵍʳ Juteau, ancien curé de la
paroisse, le R. P. Albéric, abbé de Fontgombaud,
et Mᵍʳ Chevalier, portant pour la seconde fois dans
nos cérémonies son costume officiel, formaient le
cortège de Mᵍʳ Meignan. La joie rayonnait sur tous
les visages; le curé de Saint-Julien, mon vénéré
maître et prédécesseur, déjà visiblement marqué
des signes de la mort qui devait l'emporter quelques
semaines plus tard, M. l'abbé Sorin se faisait l'interprète de la reconnaissance publique pour le vail-
lant archevêque qui avait été « l'âme » de cette
grande œuvre, et aussi pour ses collaborateurs;
M. l'abbé Williez, vicaire général, depuis évêque
d'Arras, se rendait ensuite à l'ambon, et racontait
devant ce magnifique auditoire l'histoire et les vicissitudes de la vieille basilique tant de fois détruite
et enfin relevée de ses ruines, pleine de jeunesse,
de gloire et de beauté. Mᵍʳ Chevalier écoutait toutes

ces choses avec une émotion profonde, estimant que cette ardente manifestation de foi et d'amour attirerait sur l'Église de Tours une protection plus spéciale et plus active du thaumaturge des Gaules, et serait consignée dans nos annales comme un fait historique d'une haute importance.

La fête de l'inauguration de la basilique avait eu lieu le matin ; la fête jubilaire, commencée la veille, se continua dans l'après-midi.

Le clergé du diocèse vint en foule offrir au vénérable archevêque ses hommages, ses félicitations et ses vœux. M. l'abbé Archambault, curé de la cathédrale, fut naturellement son interprète ; il complimenta Sa Grandeur avec beaucoup de tact, donna lecture de la description de l'aiguière, écrite par Mgr Chevalier, et souleva les applaudissements unanimes de l'assemblée. Malgré ses fatigues, le clerc national était là, heureux de s'associer à cette fête. C'est lui qui eut l'honneur de présenter à l'archevêque MM. Avisseau, Birotte et Deslis, dont il avait utilisé le concours pour la composition de l'œuvre d'art, l'exécution de l'élégante vitrine en bois sculpté et l'impression très soignée de la brochure explicative.

Les fêtes jubilaires ne furent achevées que le dimanche suivant, 16 novembre. Le cardinal Langénieux, assisté de seize évêques, présidait les offices de la cathédrale ; Mgr Gonindard et Mgr Pagis célébraient dignement du haut de la chaire la gloire présente et les gloires passées de la noble Église de Tours ; et enfin, le soir, la ville entière défilait dans les salons ouverts de l'archevêché pour saluer son pontife et lui redire à sa manière le vœu filial qui s'échappait de tous les cœurs : *ad multos annos !*

Il nous semblait alors qu'une pareille explosion d'enthousiasme populaire ne se reverrait plus, sinon dans des temps très reculés. C'était une erreur. La Providence ménageait à notre Église un nouvel honneur que M<sup>gr</sup> Chevalier désirait plus que personne et hâtait de tous ses vœux. Malheureusement, quand ces fêtes se renouvelèrent à l'occasion de l'entrée solennelle du cardinal Meignan dans sa cathédrale, le samedi 5 février 1893, le clerc national était de plus en plus souffrant et ne marchait qu'à grand'peine. Il eut cependant le courage de se faire conduire à l'archevêché, le lendemain, afin d'exprimer de vive voix à Son Éminence la grande part qu'il avait prise à la joie de tout le diocèse.

Un peu plus tard, au mois de juin, le cardinal ayant pris possession de la Trinité-des-Monts, qui est son titre cardinalice presbytéral, M<sup>gr</sup> Chevalier publia dans la *Semaine religieuse* trois articles remarquables, dans lesquels il se plaisait à rechercher les « souvenirs nationaux et tourangeaux qui se rattachent à cette église, et à montrer comment l'archevêque de Tours était naturellement appelé à en devenir le protecteur. » Cette étude fut la dernière de quelque importance qui soit sortie de sa plume. On y retrouve ses qualités habituelles, la netteté, la précision, l'élégance, en un mot tout ce qui trahit l'écrivain de race. Ceux qui le lisaient ne pouvaient rien soupçonner des progrès de sa maladie, mais ceux qui le voyaient de près ne se faisaient plus d'illusions.

# XXIV



Depuis la brusque apparition de sa maladie,
en 1873, M<sup>gr</sup> Chevalier s'était habitué à la pensée
de la mort, et cette pensée ne l'attristait pas. Pleinement soumis à la volonté de Dieu, il se tenait
prêt, sachant sa santé irrémédiablement compromise et sa vie même à la merci d'un accident. Il
connaissait à merveille la nature et la gravité de
son mal, il en raisonnait avec la science d'une médecin, avec autant de sang-froid que s'il se fût agi
d'un autre; et, ne voulant pas être surpris, il avait
eu la sagesse de régler d'avance, dans l'ordre spi-
rituel et temporel, tout ce qui devait l'être.

Il fit son testament avec un soin méticuleux, et
à maintes reprises donna verbalement ou par écrit

les instructions les plus précises à ses exécuteurs
testamentaires : le chanoine Frédéric Archambault,
l'abbé Pasquier, ancien curé de Cerelles, et son
modeste collaborateur d'autrefois, l'auteur de cette
notice. Presque à la veille de sa mort, le 20 décembre, il voulut revoir ce testament, s'assurer
que la rédaction en était irréprochable, prendre
l'avis d'un homme de loi, et enfin donner à cet
acte sa forme définitive en le recopiant tout entier
de sa main. Aussi n'avons-nous pas besoin d'ajouter
que l'on y retrouve à chaque page son esprit judicieux et pratique, la clarté de sa méthode, et pas
un mot qui ne soit l'expression nette de sa volonté.

On s'est demandé de quelles sources provenait
sa fortune relativement importante. De sources
multiples, comme le prouvent ses livres de comptes
où sont inscrites à leur date, depuis 1859, toutes
ses recettes et toutes ses dépenses. Son bien patri-
monial, deux legs, ses élèves, surtout ceux de la
colonie de Mettray et les Anglais, ses recherches
géologiques, ses livres[1], les souscriptions ministé-

---

[1] En examinant ses registres, année par année, et jour par
jour, on constate que ses ouvrages les plus rémunérateurs sont
ceux qui lui ont coûté le moins de travail. Une petite brochure
de vingt-quatre pages intitulée : *Histoire et description de la
cathédrale de Tours* lui a rapporté beaucoup plus que son
*Histoire de Chenonceau*, qui n'a été payée que deux mille francs.
Les cinq volumes de pièces justificatives avaient été payés

rielles et autres à ses publications; le secrétariat de la Société d'agriculture pendant vingt ans, les tirages des obligations remboursées, la capitalisation des intérêts, sa position diplomatique à Rome à partir de 1879, enfin la simplicité de ses goûts, l'ordre et l'économie qui présidaient au gouvernement de sa maison : voilà tous les éléments de sa fortune. Il en a raconté l'histoire à ses héritiers dans une note destinée à former leur conscience : « Je puis dire, écrit-il, que tout mon avoir est dû à mon labeur et à un labeur acharné. »

Sans doute il avait reçu aussi quelque chose de l'Église ; mais quoique je n'aie pas le droit de révéler ici ce qu'il n'a pas cru devoir confier à son testament, je tiens à dire, pour l'édification de ses amis, que son chapitre des bonnes œuvres a été doté très généreusement et que, peu de temps avant sa mort, il a donné de sa main beaucoup plus qu'il n'avait reçu.

Mgr Chevalier n'était pas moins ordonné dans le gouvernement de sa vie sacerdotale que dans la conduite et la gestion de ses affaires temporelles. Il semble, à voir son œuvre, qu'il n'ait pas dû

ensemble trois mille francs. Il est vrai que l'auteur touchait en outre une part des bénéfices produits par la vente, mais peu en rapport avec la somme de travail qu'il s'était imposée pour dépouiller ces vieilles archives.

pouvoir trouver dans ses journées si remplies le temps de vaquer à ses devoirs de piété. Ce serait une erreur de le croire : le prêtre et le savant s'entendaient à merveille. Et je n'en donnerai d'autre preuve qu'un seul fait qui m'a paru caractéristique. En 1876, une des époques les plus laborieuses de son existence, un prêtre de ses amis venait de résigner ses fonctions pour cause de santé. Le voyant dans l'embarras, Mgr Chevalier lui offrit l'hospitalité pendant plus de trois mois, en lui déclarant toutefois qu'il avait un règlement et qu'il lui proposerait de le suivre. Quel était ce règlement? Le voici : lever à cinq heures et demie ; oraison faite en commun à six heures; récitation des petites heures, préparation au saint sacrifice, célébration de la messe à la cathédrale, action de grâces, de six heures et demie à huit heures. « Après quoi, disait-il à son ami, vous serez libre, moi je travaillerai. » Dans l'après-midi, une courte promenade ou une visite à la bibliothèque, le chapelet, le bréviaire et l'étude, absorbaient tout son temps. Enfin, le soir à huit heures, il disait à son ami : « Avant de nous séparer, faisons notre lecture spirituelle. » Et prenant un volume in-folio des bollandistes, il lisait tout haut la vie du saint dont on célébrait la fête. Il préférait ces grands ouvrages substantiels à beaucoup de nos livres de piété modernes, qu'il estimait fades et de nulle valeur. « On invente chaque jour de nouvelles

prières, disait-il ; pourquoi ne s'en tient-on pas aux
prières de l'Église? Où trouvera-t-on quelque chose
de plus beau, de plus doux, de meilleur que ces
formules admirables choisies par l'Église, extraites
de la sainte Écriture et des Pères? » Et, de fait,
il n'en voulait pas d'autres pour son usage. C'est
en récitant chaque jour les prières du Missel qu'il
se préparait à la sainte Messe, et qu'il faisait son
action de grâces. Il n'y manquait jamais.

Sa grande douleur, tandis qu'il s'acheminait lentement vers la tombe, du mois de mai au mois de
décembre, ce fut de ne pouvoir monter à l'autel.
Il ne sortait plus ou presque plus, sinon de loin en
loin, un jour de soleil, dans l'après-midi, et encore
ne faisait-il que de très courtes promenades, accompagné d'un ami ou d'un petit serviteur pour le soutenir en cas de besoin. La moindre secousse provoquait des suffocations très pénibles et toujours
inquiétantes. Ses seules joies, c'étaient les visites des
quelques amis qu'il avait coutume de voir et dont
il appréciait le dévouement : ses exécuteurs testamentaires nommés plus haut, M. l'abbé Archambault,
vicaire général, M. l'abbé Chevreau, curé de Saint-
Symphorien, M. l'abbé Brun, curé de la cathédrale,
M. l'abbé Painparé, curé d'Amboise, M. l'abbé
Quincarlet, M. l'abbé Garnier, le capitaine de Ressy,
M. Croué, le docteur Duclos ; ou bien les lettres

des amis absents, parmi lesquels je tiens à nommer
M. Binot de Villiers, ancien avocat à la cour d'appel
de Paris, l'ex-intendant Lèques, et plusieurs prélats
romains. Si les obligations du ministère nous tenaient
quelque temps éloignés, il s'inquiétait un peu, faisait prendre de nos nouvelles et se rappelait ainsi
aimablement à notre souvenir.

A la fin de novembre, l'abbé Quincarlet, qui avait
obtenu la confidence du chagrin que lui causait la
privation de la sainte messe, lui suggéra l'idée de
solliciter la permission de célébrer dans sa chambre.
Cette pensée ne lui était pas venue : « Je n'oserais
pas demander une telle faveur, » disait-il. M. Quincarlet leva son scrupule en lui désignant un ou
deux prêtres malades qui l'avaient fait. Dès lors
il n'hésita plus, et Son Éminence, qui ne perdait
jamais une occasion de lui donner des preuves de
bonté, s'empressa de déférer à son désir. Mgr Chevalier compléta sa chapelle, fit orner sa chambre,
et eut enfin le bonheur, après huit mois d'absten-
tion forcée, d'offrir de ses mains le divin sacrifice.
C'était le dimanche 26 novembre, le lendemain de
la mort de Mgr Juteau. Hélas! cette messe devait
être la dernière, mais elle lui avait apporté l'une
des plus grandes consolations de sa vie.

Ce que je pourrais dire encore de sa maladie,
de sa patience inaltérable et de la vigueur de son

esprit jusqu'au dernier moment, a été dit mieux que je ne saurais le faire par son éminent ami, le docteur Duclos, dans une lettre qu'il m'autorise à publier. Le lecteur me saura gré de la lui mettre sous les yeux.

« Vous avez pensé, et avec raison, m'écrit-il à la date du 12 janvier 1894, que le plus bel éloge de Mgr Chevalier serait le simple récit de sa vie. En me demandant de vous donner quelques détails sur sa maladie, vous m'appelez à prendre part à cette œuvre de respect et d'amitié. Je vous remercie de cette délicate attention. J'y réponds dans la mesure que permettent nos règles professionnelles.

« Mgr Chevalier était encore jeune quand il ressentit les premières atteintes de sa maladie. Sa constitution vigoureuse résista facilement, et le mal ne laissa que des traces à peine appréciables. Le secret fut gardé : c'était la volonté du malade, et le devoir du médecin.

« Quelques années plus tard, un surmenage sans trêve ni repos déterminait des troubles graves de santé. Mgr Chevalier conçut alors des préoccupations dont je fus le confident. Il les éloigna encore pour se livrer avec la même ardeur, la même passion aux travaux qui remplissaient sa vie et répondaient à toutes ses aspirations.

« Un jour, pendant qu'il résidait à Rome et à la suite d'une très longue visite d'études aux catacombes, une rechute se produisit, grave, terrible, qui inspira les plus légitimes inquiétudes. Des soins éclairés triomphèrent de l'accident du moment, et il put revenir près de nous.

« Mais déjà une altération grave avait évolué silencieusement et avait abouti à un état irrémédiable. On pouvait adoucir et tâcher d'éloigner les manifestations si cruelles de la maladie. Une guérison réelle n'était ni dans la puissance, ni même dans les espérances de la médecine.

« Depuis ce moment, et malgré des intervalles souvent d'ailleurs assez longs d'amélioration apparente, la vie de Mgr Chevalier n'a été qu'un douloureux martyre accepté avec résignation, supporté avec courage. La maladie envahissait la plupart des organes, troublait l'exercice des fonctions les plus essentielles, ne laissait d'intact que cette belle intelligence qui nous charmait tous.

« Elle s'est maintenue jusqu'à la fin sans défaillance. Quelques jours encore avant sa mort, Mgr Chevalier s'entretenait avec nous, retraçant avec un charme inoubliable tout un passé plein des grandes choses qu'il avait vues, et de celles auxquelles sa situation officielle l'avait quelquefois mêlé. Sa mémoire particulièrement était restée merveilleuse. Il redevenait le conteur délicat des belles actions et des bonnes légendes.

« Il m'a été souvent donné d'assister à ces moments suprêmes où l'intelligence et le cœur survivent à la déchéance du corps, et semblent même lui être complètement étrangers. Aucun spectacle n'est plus émouvant, aucun plus salutaire. Il éclaire les grandes et graves questions de l'heure dernière que le cœur embrasse et comprend mieux que l'esprit. Mgr Chevalier a été, lui aussi, doux envers la mort. Il s'est éteint sans se plaindre après avoir généreusement accepté le sacrifice qui lui était demandé. »

Ces dernières paroles du docteur Duclos doivent être prises à la lettre et entendues dans leur sens le plus rigoureux : jamais Mgr Chevalier n'a exprimé la moindre plainte, et, chose étrange, si la violence du mal lui arrachait un gémissement, son visage gardait son expression habituelle et ne trahissait rien des angoisses qu'il endurait. Je n'ai jamais pu surprendre une altération quelconque de ses traits, pourtant si mobiles, dans les moments de crise où je l'ai vu, tant était grande et comme indomptable l'énergie de sa volonté.

Le 17 décembre, au soir, craignant d'être emporté dans une de ces crises douloureuses qui se renouvelaient de plus en plus fréquemment, il demanda les derniers sacrements de l'Église. C'était un dimanche. On célébrait à Tours la fête solennelle de notre premier évêque, saint Gatien, pour lequel M\ Chevalier avait une dévotion spéciale depuis les longues et savantes luttes qu'il avait engagées sur la véritable date de sa mission en Touraine. Ses amis les plus voisins, MM. Frédéric Archambault et Pasquier, furent aussitôt prévenus, et en leur présence M. le curé de la cathédrale, très ému et touché de la résignation du malade, lui donna l'extrême-onction. Le lendemain seulement on lui apporta le saint viatique, qu'il reçut avec les dispositions les plus ferventes ; puis, se désintéressant complètement des choses de ce monde, il tourna vers Dieu seul sa pensée et son cœur[1]. Lorsque je le visitai, dans la soirée du même jour,

[1] Ces détails m'ont été fournis par M. le curé de la cathédrale, qui a bien voulu m'écrire à cette occasion la lettre suivante :

« Mon cher ami,

« Vous me priez de vous donner quelques renseignements sur les derniers moments de M\ Chevalier, croyez que je suis heureux de vous les communiquer.

« Le dimanche 17 décembre, fête de saint Gatien, vers neuf heures du soir, l'on vient me chercher en toute hâte : M\ Chevalier était au plus mal et il demandait lui-même les derniers sacrements. Je l'avais confessé la semaine précédente. Je le confessais régulièrement tous les quinze jours, et si parfois j'oubliais le pieux rendez-vous de la quinzaine, il ne manquait pas de me le faire très gracieusement rappeler.

« J'arrive donc, et je trouve le cher malade en proie à une crise des plus violentes. Ses deux amis, M. le chanoine Frédéric Archambault et M. l'abbé Pasquier, étaient là, attristés, mais singulièrement édifiés de son courage et de sa résignation. « Mon « cher curé, me dit-il de sa voix entrecoupée par les étouffe-

ne sachant rien encore de ce qui s'était passé :
« Mon ami, me dit-il, j'ai réglé mes comptes, je
me suis confessé, j'ai reçu les sacrements, je suis
heureux. Maintenant, à la grâce de Dieu! Je m'a-
bandonne à lui sans réserve. »

Les jours suivants, le mal empira d'heure en
heure; ce ne fut en réalité qu'une longue et douloureuse agonie, supportée comme tout le reste avec
une patience admirable. Enfin, « dans la nuit de
Noël, alors que les messes de minuit se célébraient

« ments, je suis bien mal, je sens que je meurs; je vous prie
« de vouloir bien me donner l'extrême-onction. Faites-le sans
« crainte de m'impressionner. C'est la troisième fois que je
« reçois ce sacrement. Une fois entre autres, à Rome, je l'ai
« demandé et reçu un peu contre le gré de mon confesseur, qui
« ne me croyait pas en danger de mort. Cette fois l'illusion
« n'est pas possible, je meurs... Veuillez me renouveler l'ab-
« solution et me conférer toutes les grâces dont j'ai besoin en
« ce moment. C'est un grand regret pour moi de ne pouvoir
« pas faire la sainte communion dès ce soir; mais demain matin,
« si je suis encore de ce monde et s'il plaît à Dieu, je serai heu-
« reux de recevoir le saint viatique. »

« Je n'ai pas besoin de vous dire combien j'étais ému moi-
même et touché de ce langage si plein de foi. Je donnai tout
de suite le sacrement des malades et l'indulgence plénière à
Mgr Chevalier, et le lendemain j'eus la consolation de lui porter
le saint viatique, qu'il reçut dans les sentiments d'une piété
admirable.

« Vous savez le reste.

« Tout à vous en J.-C.

« U. Brun,
« chanoine, curé-archiprêtre. »

partout, et que les joyeuses sonneries des cloches annonçaient la venue sur l'autel du Dieu fait homme, son âme se sépara de son corps et alla achever dans le ciel la fête de la Nativité qu'il avait commencée sur la terre[1]. » Il était une heure du matin. Sa famille désolée recueillit son dernier souffle et lui ferma les yeux, tandis que nous, ses amis, retenus dans nos églises par les devoirs impérieux du ministère, nous appelions sur lui la grâce du pardon suprême, avec la récompense promise à ceux qui ont combattu le bon combat.

La cérémonie funèbre eut lieu à la cathédrale, le mercredi 27 décembre. En exécution des volontés formelles du défunt, les honneurs militaires auxquels il avait droit ne lui furent pas rendus. Son Éminence le cardinal archevêque, voulant que ses funérailles eussent le caractère imposant d'un deuil diocésain, daigna les présider lui-même et donner l'absoute en présence de tous les vicaires généraux, de tous les chanoines, du clergé de la ville et d'un bon nombre de prêtres accourus de divers points du diocèse. Cette pieuse manifestation de sympathie et de respect eût été assurément plus grandiose, si la nouvelle de la mort n'était pas arrivée, dans la plupart des paroisses, après la

[1] L'abbé Quincarlet, *Semaine religieuse* du 13 janvier 1894.

sépulture. L'impression fut partout la même :
chacun comprit que le clergé de Touraine venait
de faire, en la personne de ce prêtre éminent,
une perte très sensible et, à certains égards, irré-
parable.

Mgr Chevalier avait résumé dans sa devise tout
son programme, tout son plan de vie. C'était un
mot de saint Paul. Nous l'inscrirons sur sa tombe :
*Sicut miles Christi.*

# APPENDICE

---

## I

## TITRES ECCLÉSIASTIQUES

---

Depuis la publication des *Notes biographiques* placées en tête du catalogue de ses œuvres, M$^{gr}$ Chevalier a été l'objet de distinctions honorifiques, dont la plupart ont été signalées à leur date. Je ne veux rappeler ici que ses titres ecclésiastiques :

Camérier secret du saint-père (25 avril 1879) ;

Clerc national du Sacré Collège et secrétaire consistorial pour la France (21 novembre 1878) ;

Chanoine d'honneur de Tours, (27 octobre 1885), d'Albi (1$^{er}$ janvier 1885), d'Avignon (15 juillet 1885), de Clermont (1882), de Poitiers (février 1890) ;

Vicaire général honoraire de Poitiers (novembre 1882) ;

Chanoine honoraire de Luçon (1881), de Cambrai (1881), de Besançon (1882), de Bordeaux (1882) et d'Auch (1887).

# II

## ICONOGRAPHIE

1. Portrait au crayon de l'abbé Chevalier, dessiné par Finck, 1866. (Propriété de sa nièce, M<sup>me</sup> Merleaux.)

2. Portrait lithographié à Paris par Ach. Sirouy d'après le crayon de Finck, 1867. Tiré à cinquante exemplaires. Dix exemplaires de l'*Histoire de Chenonceau* sont ornés de ce portrait.

3. Buste en terre cuite de grandeur naturelle, modelé en août 1874 par Léon Breuil, élève de l'École des beaux-arts de Dijon, aujourd'hui directeur de l'École municipale de la même ville. (Propriété de son neveu, M. Duperrai.)

4. Autre buste en terre cuite par le même, août 1876.

5. Portrait à l'huile peint en 1883 par R. Thévenin, élève de Léon Cogniet. A figuré au Salon de 1884, hors concours, sous le n° 2274. Déposé en la grande salle de Saint-Martin.

6. Portrait aux crayons de couleur dessiné par L. Lobin. A figuré au Salon de 1885. Offert par moi à la bibliothèque municipale de Tours.

# III

# CATALOGUE CHRONOLOGIQUE

### DES ŒUVRES DE Mgr CASIMIR CHEVALIER

#### POUR FAIRE SUITE AU

## TABLEAU ANALYTIQUE

Publié en 1882, comprenant 231 numéros.

---

232. — Le Pèlerinage de Notre-Dame des Anges a Liguel. Dans la *Semaine religieuse du diocèse de Tours*, 30 septembre 1882.

233. — Les Reliques de saint Martin en 1727. *Semaine religieuse*, 30 septembre 1882.

234. — Les Souffrances du clergé et du peuple en Touraine, de 1735 à 1740. *Semaine religieuse*, 7 octobre 1882.

235. — La Décadence de la Manufacture de soieries a Tours. *Bulletin de la Société archéologique de Touraine*, t. V, p. 361.

236. — Les Architectes de Chambord. *Bulletin de la Société archéologique*, t. V, p. 405.

237. — Les Poésies de Mgr Bellot des Minières, évêque de Poitiers. *Simples notes d'un critique.* Tiré à mille exemplaires. Imprimé à Rome chez Befani, en novembre 1882, in-8°, dix-neuf pages, avec l'*imprimatur* de Fr. Augustin Bausa, des Frères Prêcheurs, maître du Sacré palais apostolique.

238. — Lettre sur la mort de l'abbé Flisseau a Rome, *Semaine religieuse*, 12 mai 1883.

239. — La Béatification de Jeanne de Valois. *Semaine religieuse*, 23 février 1884.

240. — Mémoire historico-juridique sur l'Œuvre de Saint-Martin a Tours, suivi de pièces justificatives. In-4° de cinquante-neuf pages. Tours, Mazereau, mai 1885.

241. — Le Testament de saint Perpet, dans le *Bulletin de la Société archéologique de Touraine*, t. VI, p. 481.

242. — Adresse du clergé de Tours au saint-père pour son jubilé sacerdotal. *Semaine religieuse*, 4 septembre 1886.

243. — Les Reliques de saint Perpet en Italie. *Semaine religieuse*, 25 septembre 1886.

244. — Inscription dédicatoire placée dans l'église rajeunie et rebâtie de Sainte-Maure, 23 août 1887.

245. — Les Fouilles de Saint-Martin de Tours, recherches sur les six basiliques successives élevées autour du tombeau de saint Martin, avec deux plans et cinq phototypies. Tiré à cinq cents exemplaires, août 1887. Tours, Péricat, libraire.

246. — Un Monument de l'école de Saint-Martin a Saint-Pierre de Rome au VIII° siècle, d'après M. de Rossi. *Éloge funèbre du pape Hadrien Ier par Charlemagne*. *Semaine religieuse*, 9 juin 1888.

247. — Les Reliques de la vraie Croix a Amboise. *Semaine religieuse*, 23 juin 1888.

248. — Le Culte de Sulpice Sévère en Touraine, deux articles dans la *Semaine religieuse*, 11 et 18 août 1888.

249. — Saint Maurice et la légion thébéenne, article bibliographique sur l'ouvrage de l'abbé Bernard de Montmélian, dans la *Semaine religieuse*, 22 septembre 1888.

250. — Les Populations agricoles de la Touraine ; analyse
de l'ouvrage de M. H. Baudrillart, membre de l'Académie des sciences morales et politiques, sur les *Populations agricoles de la France*. Dans les *Annales de la
Société d'agriculture d'Indre-et-Loire*, t. LXVIII,
novembre 1888.

251. — Les Reliques martiniennes a Notre-Dame-la-Riche.
*Semaine religieuse*, 10 novembre 1888.

252. — Les Sépultures des Boucicaut a Saint-Martin de
Tours. Deux articles dans la *Semaine religieuse*, 5 et
12 octobre 1889.

253. — Les Origines de Jean de Bernard, archevêque de
Tours. Trois articles dans la *Semaine religieuse*, 23 et
30 novembre, et 14 décembre 1889.

254. — Notice nécrologique sur l'abbé Mardelle. *Semaine
religieuse*, 28 décembre 1889.

255. — Bibliographie. — Vie de la sainte Vierge, par l'abbé
Bourassé, revue et abrégée par l'abbé P. Verger. *Semaine
religieuse*, 19 avril 1890.

256. — Le nouvel autel du Sacré-Cœur a la cathédrale de
Tours, *Semaine religieuse*, 3 mai 1890.

257. — Origine des Pélerinages de Pont-de-Ruan, deux
articles dans la *Semaine religieuse*, 24 et 31 mai 1890.

258. — A propos de l'Exposition rétrospective de Tours.
Deux articles dans le *Messager*, 16 et 21 juin 1890.

259. — Alphonse Karr en Touraine. *Messager*, 5 novembre
1890. Depuis la publication de cet article, il semblait
à l'auteur, d'après des renseignements plus précis, que
c'était la femme abandonnée de Karr, et non sa mère,
qui fut institutrice à Lussault.

260. — Description de l'Aiguière pontificale du double
jubilé de Mgr Meignan, avec deux gravures. Tours,
Deslis frères, 1890, 11 novembre ; in-8°, quinze pages.

261. — Les Couleurs de saint Martin. Dans le *Messager*, 15 novembre 1890.

262. — L'abbé Sorin, ancien professeur au petit séminaire de Tours, curé de Saint-Julien et administrateur de Saint-Martin (1825-1890). Notice biographique.

263. — Le R. P. Sacné, ancien professeur au petit séminaire de Tours, d'après une biographie écrite par le P. Duguay, jésuite. *Semaine religieuse*, 21 février 1891.

264. — Les Fouilles de Saint-Martin de Tours ; note complémentaire ; janvier 1891. Tiré à deux cents exempl. Tours, Péricat, libraire.

265. — Composition de l'inscription destinée a l'église de Sainte-Catherine de Fierbois pour marquer le passage de Jeanne d'Arc en ce lieu, mars 1891.

266. Le Clocher de la première basilique de Saint-Martin. *Semaine religieuse*, 11 avril 1891.

267. — Bibliographie. — *Histoire de l'Église*, par le docteur Kraus, professeur d'histoire ecclésiastique à l'université de Fribourg en Brisgau, traduit par les PP. Godet et Verschaffel, prêtres de l'Oratoire. *Semaine religieuse*, 24 octobre 1891 et 27 août 1892.

268. — Bibliographie. — *La mission du Su-Tchuen au* xviiiᵉ *siècle*. Vie et apostolat de Mgr Pottier, son fondateur, évêque d'Agathopolis, par Léonide Guiot, ancien conservateur des forêts. *Semaine religieuse*, 12 mars 1892.

269. — Le Plan primitif de Saint-Martin de Tours d'après les fouilles et les textes. Publié en deux articles dans *l'Ami des Monuments et des Arts*, nᵒˢ 31 et 32, revue parisienne dirigée par M. Ch. Normand. Tirage à part de deux cents exemplaires ; trente-six pages in-8ᵉ avec deux planches.

270. — La Trinité-des-Monts a Rome, titre cardinalice de
     son Éminence le cardinal-archevêque de Tours. Publié
     en trois articles dans la *Semaine religieuse*, 17 et 24 juin,
     1ᵉʳ juillet 1893.

Et une foule d'autres articles, anonymes, pour la plupart,
publiés dans les journaux de Tours ou dans la *Semaine
religieuse*, et qu'il serait trop long de rechercher.

FIN

# TABLE

—

### I

## XIV



## XV



## XVI



## XVII



## XVIII



## XIX



## XX

## XXI



## XXII



## XXIII



## XXIV

9 782329 246697